HSK

速成强化教程

口试

（中级）

赵延风　编著

北京语言大学出版社
BEIJING LANGUAGE AND CULTURE UNIVERSITY PRESS

图书在版编目（CIP）数据

HSK速成强化教程　口试．中级/赵延风编著．—
北京：北京语言大学出版社，2014.11（2024.11重印）
ISBN 978-7-5619-4014-3

Ⅰ．①H…　Ⅱ．①赵…　Ⅲ．①汉语－口语－对外汉语
教学－水平考试－自学参考资料　Ⅳ．①H195.4

中国版本图书馆CIP数据核字（2014）第272186号

书　　名：HSK 速成强化教程　口试（中级）
HSK SUCHENG QIANGHUA JIAOCHENG　KOUSHI（ZHONGJI）
责任印制：邝　天

出版发行：北京语言大学出版社
社　　址：北京市海淀区学院路 15 号　　邮政编码：100083
网　　址：www.blcup.com
电　　话：编 辑 部：010-8230 3647 / 3592 / 3395
国内发行：010-8230 3650 / 3591 / 3648
海外发行：010-8230 0309 / 3365 / 3080
读者服务部：010-8230 3653 / 3908
网上订购：010-8230 3653（国内）/ 3668（海外）service@blcup.com
印　　刷：北京鑫丰华彩印有限公司
经　　销：全国新华书店

版　　次：2014 年 12 月第 1 版　　2024 年 11 月第 10 次印刷
开　　本：787 毫米 × 1092 毫米　1/16　印张：10.25
字　　数：179 千字
书　　号：ISBN 978-7-5619-4014-3 / H · 14290
定　　价：39.00 元

出版说明

自 2009 年 11 月国家汉办推出新的汉语水平考试（HSK）以来，新 HSK 在海内外受到了广泛的欢迎。

如何在考试之前的有限时间内，经过强化训练，提高考试能力，使自己现有的汉语水平充分发挥出来，取得理想的考试成绩，这是许多考生面临的问题。

目前图书市场上可见的 HSK 真题集以及各种模拟试题集，给考生们提供了丰富的学习资料。然而，对于自学者来说，光做习题似乎仍感不够。对多项选择题，做对了是不是真懂了，做错了**为什么错**，光靠做题是得不到解答的。对书写、口试等需要考生自己提供答案的**主观题和考试**，考生更是感到难以把握。考生迫切需要有针对性的指导。

同时，不少教学机构纷纷开设 HSK 课程，各类考前辅导班也应运而生，这给了考生们很多直接的帮助。然而现有的 HSK 学习材料多数是试题集，**比较系统的教材**不多，尤其是口试辅导教材更加缺乏，需要教师花费大量时间去备课、找材料，对于一些对 HSK 研究还不太多的教师来讲，难以很快抓住重点，在一定程度上也影响教学效果。**拿来就可以在教学中使用的 HSK 教材**将会给教师带来极大的便利。

为了满足广大考生和汉语教师的需要，我们组织作者编写出版了这套系列教材《HSK 速成强化教程》。教程每册对应一个级别的考试，包括：

《HSK 速成强化教程　三级》
《HSK 速成强化教程　四级》
《HSK 速成强化教程　五级》
《HSK 速成强化教程　六级》
《HSK 速成强化教程　口试（中级）》
《HSK 速成强化教程　口试（高级）》

本书是为准备参加汉语水平口语考试 HSKK（中级）的考生和指导考试的教师编写的。本书的指导思想是**针对考生的问题，以考点和难点为纲，讲练结合，同步练习，巩固进步，及时总结**，使得考生稳步前进，有成就感。为便于教学和自学，本书的“听后重复”练习题、**“听后重复”重点句 130 句**配有录音，看图说话练习题、回答问题练习题**给出了参考表达，也配有录音**。本书的考试形式、时间介绍等以大纲为基础，结合真题，与现今 HSKK（中级）考试完全一致。

另外，特别要说明的是，由于 HSKK（初级）的“听后重复”和“回答问题”题型与本书题型相同，因此准备考 HSKK（初级）的考生和教师也可使用本书。

本教材的编写者赵延风是北京大学对外汉语教育学院教师，曾担任过各种汉语口试的命题员、面试官并承担过多年辅导 HSK 的教学工作，有丰富的教学经验。2002 年参与编写了《HSK 速成强化教程（初、中等）》，该书出版后受到广泛欢迎。本教材在教学中试用过，并根据教学中的反馈做了相应的修正，对录音进行了精心设计。模拟试题也进行过试用，其难度与 HSKK（中级）正式考试的难度相当。

模拟考试前的中国民乐由“女子十二乐坊”演奏，在此深表谢意。

尽管我们努力使本教材解释准确、试题严密、语言通俗、使用方便，但一定仍有一些不足之处，恳请本教材的使用者批评、指正。

Introduction

The New HSK test has received great popularity in and outside China since it was created in November 2009 by Hanban.

Many candidates are concerned about how to improve their test-taking skills after some intensive training and fully display their Chinese proficiency in the test to get a satisfactory test result within a limited period of time available.

There are some collections of the past HSK tests and model tests in the current market providing candidates with abundant learning materials. However, self-taught learners need more than just exercises. For a multiple choice question with more than one answer, it is possible that one made a right choice without truly understanding the question or chose a wrong answer without knowing why. The case is even more serious with subjective questions and parts such as writing and oral test which need candidates to give answers on their own. Therefore, candidates need better-targeted guidance.

Meanwhile, HSK courses and pre-exam tutorial classes thrive in some educational institutions, directly offering much help to candidates. The problem is most of the HSK tutorial materials are collections of test questions rather than systematic textbooks, especially the interview coachs teaching material more lack. Teachers need to spend a lot of time preparing their lessons and searching teaching materials. Teachers who haven't done much research on the HSK find it difficult to immediately grasp the key points, and the efficiency of instruction is impeded to a certain extent as well. Therefore, HSK teaching materials that can be used in classes without difficulty will bring great convenience to teachers.

To meet the needs of the New HSK candidates and Chinese teachers, we've designed the series of textbooks—*A Short Intensive Course of HSK*. With each volume corresponding to one level of the test, the series includes the following volumes:

A Short Intensive Course of HSK (Level 3)

A Short Intensive Course of HSK (Level 4)

A Short Intensive Course of HSK (Level 5)

A Short Intensive Course of HSK (Level 6)

A Short Intensive Course of HSK: Intermediate Oral Test

A Short Intensive Course of HSK: Advanced Oral Test

This book is written for the HSKK (Intermediate) candidates and their teachers. The guiding principles of this book are as follows: taking candidates' problems into consideration based on the testing points and difficult points, illustrating them with examples from the past tests, combining instruction with practice, reinforcing learning through immediate exercises, and making timely summaries so that candidates can make steady progress and get a feeling of fulfillment. To facilitate teaching and self-learning, the "Listen and Repeat" exercises and the "130 Key Words in Listen and Repeat" are accompanied by recording. The "Picture Talks" and "Answer the Questions" exercises are provided with reference answers and the accompanying recording too. Based on syllabus and combined with the past test questions, the form and time introduced in this book are in full accordance with the HSKK(Intermediate).

In addition, it is noteworthy that questions such as "Listen and Repeat" and "Answer the Questions" in the HSKK (Intermediate) are of the same type as those in the HSKK (Primary), so this book can also be used by candidates and teachers preparing for the HSKK examiner and (Primary).

Zhao Yanfeng, the author of this book, is an experienced teacher in the School of Chinese as a Second Language of Peking University who has been an examiner and interviewer of some Chinese oral tests and HSK tutor for many years. In 2002, the book *A Short Intensive Course of HSK (Elementary and Intermediate)* was published and well-received. Before its publication, this book has been tried out in classrooms, and revisions have been done based on the feedback. The recording is also well-designed. The trial results show that the model tests in this book demonstrate similarity to the official HSKK test in difficulty.

Sincere thanks will go to Twelve Girls, who have performed the Chinese folk music before the mock tests in the audio recording accompanying the series.

Despite of our efforts to make it a book that provides accurate explanations and well-conceived test questions in popular language and is easy to use, there must still be some deficiencies in it. Therefore, any of your criticisms and suggestions will be appreciated.

目录 Contents

HSKK

第一单元 01

· 考试须知

· 结构导读

· 使用建议

一、什么是新 HSK 和 HSKK？

根据国家汉办 / 孔子学院总部编制的《新汉语水平考试大纲 HSK 口试》的说明可知，新的 HSK 是一项国际汉语能力标准化考试，重点考查汉语非第一语言的考生在生活、学习和工作中运用汉语进行交际的能力。新的HSK 分笔试和口试两部分，笔试和口试是相互独立的。笔试包括HSK(一级)、HSK（二级）、HSK（三级）、HSK（四级）、HSK（五级）和 HSK（六级）；口试即汉语水平口语考试，简称HSKK，包括HSKK(初级)、HSKK(中级）和 HSKK（高级），口试采用录音的形式。

笔试
HSK（六级）
HSK（五级）
HSK（四级）
HSK（三级）
HSK（二级）
HSK（一级）

口试
HSKK（高级）
HSKK（中级）
HSKK（初级）

二、你适合参加哪个等级的口语考试？

在你准备参加 HSKK 之前，先要根据自己的汉语口语水平选择参加哪个等级的考试。

HSKK 等级	适考对象	词汇量	能力要求
HSKK（初级）	适合每周 2－3 学时，学完一到两学期汉语的考生。	约 200 词	要求考生可以听懂并用汉语口头表达较为熟悉的日常话题，满足基本交际需求。
HSKK（中级）	适合每周 2－3 学时，学完一到两学年汉语的考生。	约 900 词	要求考生可以听懂并用汉语较为流利地与汉语为母语者进行口头交流。
HSKK（高级）	适合每周 2－3 学时，学完两年以上汉语的考生。	约 3000 词	要求考生可以听懂并用汉语流利地口头表达自己的见解。

请注意，以上所说的“每周 2－3 学时”，主要参考的是目前海外大部分汉语学习者的学习时间；如果考生是来华学习汉语，或在海外每周课时较多的机构学习汉语，那么每级所需要的学习时间就会相应地缩短。因此，学习时间只是一个参考。

本书是为参加 HSKK（中级）的考生编写的。

三、HSKK（中级）的考试内容有哪些？

根据《新汉语水平考试大纲　HSK 口试》，HSKK（中级）共 14 题，分听后重复、看图说话、回答问题三个部分。如下表：

考试内容		试题数量（个）	考试时间（分钟）
第一部分	听后重复	10	5
第二部分	看图说话	2	4
第三部分	回答问题	2	4
共　计		14	13

全部考试约 23 分钟，含准备时间 10 分钟。

第一部分“听后重复”，共 10 题，每题播放一个句子（播放一次），考生听后重复一次。每题空约 10 秒。

第二部分，共 2 题。每题提供一张图片，考生结合图片说一段话。每题说 2 分钟。

第三部分，共 2 题。试卷上提供两个问题（句子上加拼音），考生回答问题。每题说 2 分钟。

四、HSKK（中级）的考试过程是怎样的？

HSKK（中级）采用考生口语作答录音的形式，采取“听说结合”“读说结合”的模式来考查考生的汉语口头表达能力。具体的考试过程大致是这样的：

1. 考生按照规定的时间凭准考证进入考场。考试开始时，主考宣布：

> 大家好！欢迎参加 HSKK（中级）考试。

2. 主考提醒考生（用考生的母语及其他有效方式）：

（1）关闭手机。

（2）把准考证和身份证件放在桌子的左前方。

3. 之后，主考宣布：

现在请大家填写口试信息卡。

主考示意考生参考准考证，（用考生的母语及其他有效方式）填写信息卡上的姓名、国籍、序号、参加考试的等级等信息（3分钟之内，建议用铅笔）。

汉语水平口语考试 HSKK · 信息卡 姓名＿＿＿＿＿＿　国籍＿＿＿＿＿＿ 序号＿＿＿＿＿＿ 初级 □　　中级 □　　高级 □

4. 之后，主考指导考生调试录音设备，宣读《口语考试答题指导》。

5. 之后，主考请监考发试卷。试卷是密封的，考生拿到试卷后不能马上打开。

6. 试卷发完后，主考向考生解释试卷封面上的注意内容（用考生的母语及其他有效方式）。考生可以一边听一边看。

注　意 一、HSK 口试（中级）分三部分： 1. 听后重复（10 题，5 分钟） 2. 看图说话（2 题，4 分钟） 3. 回答问题（2 题，4 分钟） 二、全部考试约 23 分钟（含准备时间 10 分钟）。

7. 之后，主考宣布：

现在请戴上耳机，调整好话筒位置，打开试卷，开始口语考试。

主考提醒考生，先要回答三个问题，准备第 11 到 14 题时，可以在试卷上写提纲（用考生的母语及其他有效方式）。

8. 主考播放录音，中间不停顿。

9. 听到录音中说“考试现在结束，谢谢你”之后，停止播放和录音。

10. 之后，主考请监考收回考试材料，并发放成绩查询指导卡片。

11. 主考清点考试材料后宣布：

考试现在结束。谢谢大家！再见。

五、HSKK（中级）的评分标准是什么？

HSKK（中级）包含听后重复、看图说话和回答问题三种题型。各题型评分标准简要说明如下。

考试题型	适用试题	答题要求	评分档次
一、听后重复	第 1–10 题	每题播放一个句子，要求考生听后重复。	高：考生能准确地重复听到的句子。 中：考生不能完整地重复听到的句子。 低：考生重复内容与播放的句子相关性很差。
二、看图说话	第 11–12 题	每题提供一张图片，要求考生结合图片说一段话。	高：考生的回答与图片内容相符，表达流利，有少量停顿、重复。 中：考生的回答与图片内容基本相符，停顿、重复、语法错误较多。 低：考生的回答与图片内容基本无关，信息量小且零乱。
三、回答问题	第 13–14 题	试卷上提供两个问题，要求考生回答问题。	高：考生能就问题做出回答，内容丰富，表达流利，有少量停顿、重复、语法错误。 中：考生能就问题做出回答，但信息量较少，停顿、重复、语法错误较多。 低：考生答非所问，信息量少且不连贯。

注：考生不作答，按0分计。

六、HSKK（中级）有什么用途？

根据《新汉语水平考试大纲 HSK口试》的说明，HSKK面向成人，主要用途有：

1. 为院校招生、分班授课、课程免修、学分授予提供参考依据。
2. 为用人机构录用、培训、晋升工作人员提供参考依据。
3. 为汉语学习者了解、提高自己的汉语应用能力提供参考依据。
4. 为相关汉语教学单位、培训机构评价教学或培训成效提供参考依据。

七、HSKK（中级）的成绩报告是什么样的？

考试结束后1-2个月，考生可以收到HSKK（中级）的成绩报告。

HSKK（中级）满分为100分，60分为合格。成绩报告上会显示出考生的口试总分是多少。

例如，某位考生的成绩报告如下：

满分	合格分	你的分数
100	60	75

这个考生的总分过了60分的合格标准，所以他的HSKK（中级）考试合格。

根据《新汉语水平考试大纲 HSK口试》的规定，HSKK成绩长期有效。但如作为外国留学生进入中国院校学习的汉语能力的证明，HSKK（中级）成绩有效期为两年（从考试当日算起）。

八、考生应注意些什么？

（1）考前准备

考试前，建议考生仔细看一下《新汉语水平考试大纲 HSK口试》及考生手册，通过看大纲中的“HSKK（中级）介绍”部分，了解考试的形式、试题数量、考试时间等；通过看大纲中“HSKK（中级）考试要求及过程”部分，了解考试要求和过程，并通过看、做大纲中的样卷熟悉答题方式。

由于考试大纲只是讲一些原则，只有一套样题，作为复习的准备还不够，所以考生还应该找一些辅导教程或模拟试题集深入学习，有条件的也可参加考前辅导班，进行强化训练。

（2）有关考务问题

HSK 口试的考务由汉考国际教育科技（北京）有限公司（简称“汉考国际”，英文缩写为 CTI）负责，有关考试的日期、考点、考试费用、报名等问题，请向汉考国际咨询。具体联系方法如下：

汉考国际教育科技（北京）有限公司

网址：http://www.chinesetest.cn

报名咨询：86-10-59307689/59307685

成绩咨询：86-10-59307691/59307690

传真：86-10-59307680

电子信箱：kaoshi@chinesetesting.cn

（3）考试前和考试中要注意的问题

●必须携带的东西

准考证和身份证件。考生报名成功并收到报名确认信息以后，可以登录到“汉语考试服务网”（www.chinesetest.cn）选择自行打印准考证，或者到报名的考点领取准考证。去考试时一定要带准考证。另外，还要带身份证件，如护照、身份证、居留证等。如果没有带准考证和身份证件，考生不能进入考场。

笔。在准备第 11 到 14 题时，考生可以在试卷上写提纲，这时候需要用笔，但对口试用笔的要求不像纸笔考试那样严格，什么笔都可以，但要检查后确认是可用的笔，以免考场上措手不及。

手表。考试时考生需要自己控制好时间。有的考生忘了戴手表，影响到对时间的控制。有的考生平时习惯用手机看时间，但考试时不能看手机，所以最好准备好手表。

●一定不能携带的东西

根据相关规定，参加 HSKK 考试时，一定不能携带以下物品：

录音机、照相机、词典、MP3、移动电话机、传呼机、便携式电脑、笔记本、教科书及其他与考试无关的物品。

如果携带了这些禁止物品，到考场后，考生要把这些物品放在书包里，并把书包放在主考、监考人员指定的地方。

●绝对不能迟到！

按照规定，考生要在考试开始前半小时到达指定考场。参加口试时，在录音开始前，迟到的考生可进入考场参加考试，所误时间不补；录音开始后，迟到的考生不得进入考场参加考试。所以，千万不要迟到！

●考试结束时确认声音是否录下。

考生对所有的口试题目的回答都需要用录音的形式加以保存。在录音结束时，考生应检查声音是否录下。不要因为怕麻烦而不做检查。

●录音时说话声音要大一些。

HSKK（中级）用考生口语作答、现场录音的方式进行。考生在考场内按照监考人员的安排，使用各自独立的录音设备同时进行考试。考生作答时的声音不宜过小，应该用正常说话的音量或稍大些。

●录音时要精神集中，排除干扰。

考场内其他考生的作答声不会影响对考生口语水平的判定，但多多少少会造成一些干扰。所以考生录音时一定要集中精神，专注于自己所说的内容，不要受环境的影响，控制自己不要去听其他考生的说话声音。

●考试中途不能离开考场。

据考生手册规定，在口语考试的过程中，考生不能离开考场。如果必须离开，就只能退出考试。

●克服考试紧张征。

有的考生平时汉语口语的基础不错，说话也挺流利，但一到考试时就紧张，尤其是口试，结结巴巴地说不流利，结果没有把自己的水平充分发挥出来。这就是所谓的“考试紧张征”。具体来说，“考试紧张征”有这样几种情况：

① 心理负担太重，把考试当作检验自己汉语水平的“法官”，生怕考不好就证明自己汉语水平差，影响自己的自信心，或感觉丢面子。其实这是完全没必要的。考试就是考试，有一定的偶然性，不能完全把它和实际的语言水平画等号。比如，从理论上讲，凡是受过中等以上教育的说汉语的本族人考 HSK 都应该得满分，但其实不尽然，本族人也经常会听错或读错、说错。HSK 的考试成绩都是装在信封里给考生本人的，不经过你的允许，别人不会知道你的成绩，不会让你丢面子。而且，HSK 的考试机会要比学校里的课程考试多，一次考不好还可以考两次、三次，直到考好为止。

② 把考题想得太难，过于紧张而没有听清或记住需要复述的内容，或

说得结结巴巴。其实 HSKK（中级）的听后重复、看图说话、回答问题都是针对这一级考生的水平和所要求的词汇量来命题的，水平相当的考生基本都能够顺利应对。所以考生要相信自己。

③ 没有控制好时间，前面的题说得比较慢，到了规定的时间还没有说完，下面的题就开始了。这样一来，考生的情绪就会越来越紧张，越说越乱，出现很多不应该有的失误。针对这种情况，考生在考前准备时，要多做实战练习，让自己学会把控时间，掌握一种合适的答题节奏，不要太慢。当然，太快也没有必要，而且太快了也容易出错。考试时可以自己用手表掌握一下时间。

（4）考试分数的秘密

HSKK 是一个标准化的主观题考试，所以从理论上讲，同样水平的人，不管参加哪一次考试，得到的分数都应该是一样的。但实际上，要求每一次考试的试题难度完全一样是很难的，所以要对考生的原始分数做等值处理：如果这次考试比较难，大家的分数可能都会提高一点；如果比较容易，大家的分数可能都会减低一点。用这个办法来尽量做到不管考生参加哪一次考试，同样的水平能得到同样的分数。

因此，有的考生考试时发现这一次的试题比较难，就着急了，或怪自己运气不好，或抱怨出题的人故意为难自己。其实，如果试题偏难的话，对大家来说都是一样的，大家都会觉得难。最后可能会做等值调整，所以不必着急，只要尽你最大的努力去做就行了。

有的考生刚考完感觉不太好，但成绩出来后发现还不错，应该就是这个道理。

九、本书结构导读

本书一共分四个单元，另有两个附录，见目录。

第一单元主要是对 HSKK（中级）考试须知等相关问题的总的介绍说明。

第二和第四单元一共提供了五套 HSKK（中级）模拟试卷及其录音材料、参考表达。

第三单元是对 HSKK（中级）的三个考题类型的说明和相关知识的讲解。每个题型分两课，共六课。每课大体包括以下几个部分：

☆题型与特点
- 题型
- 特点

☆考点与难点
- 说明
- 常见错误
- 应试策略与技巧
- 练习

☆本课小结

☆课后练习

☆练习录音材料、参考表达

其中，“题型与特点”又分两个小点：

1.“题型”，是举例说明某一部分的试题的样子。

2.“特点”，是分析某一种题型的特点。

如果某一课不讲新的题型，这一部分就省略。

“考点与难点”是分析某一部分试题主要的考试目的是什么，什么地方比较难。这是每课的主要部分。根据内容，每课会讲几个“考点与难点”，如第 1 课“听后重复（一）”有三个“考点与难点”：

考点与难点（一）：简单单句

考点与难点（二）：添加“的”“地”“得”的句子

考点与难点（三）：添加“了”“着”“过”的句子

在每个“考点与难点”下面又分几个小点：

1.“说明”，是对某一个考点和相关的知识做概括的说明，或举例分析难点。

2.“常见错误”，分析考生在回答某一类试题时常犯的错误，包括考试策略上的错误和语言知识、语言技能上的不足。

3.“应试策略与技巧”，针对考生在某一类考点上的问题提出一些应试策略，提示碰到某类题应该怎么考虑，也提供一些应试技巧，说明可以用一些什么方法来表达。

4.“练习”，是针对某一个“考点与难点”进行同步练习，让考生通过练习掌握刚刚学过的内容。

5.“本课小结”，是对一课的主要内容做一个概括总结，便于考生记住要点。如第1课：

本课小结

●主要考点难点：

① 简单单句

② 添加“的”“地”“得”的句子

③ 添加“了”“着”“过”的句子

●考生常犯错误：

1. 句子支离破碎；遗忘前段或后段；串句。
2. 不熟悉结构，重复时遗漏“的”“地”“得”；不熟悉“的”的位置和用法。
3. 忽略“了”“着”“过”，重复时“了”“着”“过”位置放错。

●应试策略技巧：

1. 熟悉汉语“主—谓”式单句框架。熟练掌握7个基本单句句式。增强自信，专注而放松。
2. 了解“的”“地”“得”的作用和位置。掌握“的”字结构。重点掌握“的”的用法，特别是定语中不需要用“的”的情形。从听短句到听长句反复练习，循序渐进。
3. 记住“了”“着”“过”的常见位置。注意动词是离合词的情况。

6.“课后练习”，是针对某一课所学内容安排的综合练习，便于考生巩固掌握本课所有考点。

十、自学者怎么使用本书？

本书最大的特点就是不仅给考生提供了大量的、循序渐进的练习题，而且还详细地告诉考生HSKK（中级）考试的特点和难点，以及怎样提高自己的答题水平、如何更好地回答好试卷的问题等。下面对考生如何使用本书提出一些建议。

1. 自学者使用本书备考时，可以先把第一单元“考试须知”等浏览一下，并看懂结构体例（见“九、本书结构导读”）。如果对其中的一些内容不太明白，可以先放过去，等学完全书之后再回来看一遍，这样就比较容易懂了。

2. 建议在学第三单元的分项训练之前，先把第二单元“模拟考试（一）”做一遍，这样做的好处是：首先，对HSKK（中级）考试的内容和过程可以有一个完整的印象。其次，可以知道自己的薄弱环节在哪里，学习时可以有目的地抓重点。应该注意的是，做模拟考试最好自己按照规定的时间一次做完，因为考试时各部分都有时间限制。

3. 第三单元“分项突破”是本书最重要的部分。这个单元中的六课是相对独立的。自学者如果有比较多的时间，可以按照顺序把六课的内容依次学完，这样可以得到比较全面的训练。如果时间比较紧，也可以根据自己的问题，重点学习其中的某一部分，等有时间后再学习其他部分。在学习某一个考点时，一定要做这个考点的练习，如果有问题，再回过去研究对考点的说明，直到完全掌握。“课后练习”是各考点讲解完后的补充练习，可以巩固已学的东西。关于中级口语考试的学习和练习方法，可以参考“十一、辅导班怎么使用本书？”。

4. 分项训练学完之后或参加正式考试之前，考生可以去做“模拟考试（二）—（五）”，要严格按照规定的时间做，把它当作“实战演练”。这既是对自己学习效果的检验，又是考试前的热身训练。做完后对照录音材料和参考表达，对回答的录音进行分析，看看自己哪些方面提高了，哪些方面还有问题。

十一、辅导班怎么使用本书？

使用本书的辅导班可以根据学生的情况和教学时间的长短制订相应的教学方案，合理、有效地使用本书。

一般来讲，考前辅导班以短期强化训练效果最好。如果一次课两个小时，大致可以用六至八次课完成本书的教学内容。

第一单元“考试须知”怎么讲应该根据学生的情况而定。如果学生对HSKK（中级）还缺少感性认识，建议在第一次课中只对考试内容和考试材料等最基本的问题做一个简要的介绍，而把考生应注意的问题等放到后面去讲，不要全部集中在第一次课中讲授这些内容。

第二单元“模拟考试（一）”可在分项训练之前抽出一定时间统一做。这样可以使教师对学生的问题心中有数，学生也可以模拟体验一下考试内容和过程，增加感性认识。教师可以对学生做每一题的情况进行一个简单的统计，了解哪一题有问题的人多，问题主要出在哪里，讲解时可以对症下药。做模拟考试时，应按照HSKK规定的程序进行，使用《新汉语水平考试大纲 HSK口试》中统一的主考用语。但作为第一次模拟考试，对学生不必太严，掌握时间可以宽松一点，让学生做完，把问题记下来以后加以说明。

第三单元是强化训练的重点。这一单元共有六课，每两课讲解一个口试题型。在课时上，每课大约用两课时（一次课）左右比较合适。每课主要由若干个“考点与难点”组成，请教师注意讲、练结合，争取让学生做到以后碰到类似的问题能够比较有把握地应对。每课学完后可以做一个小结，帮助学生归纳该课要点。课后练习可作为课下作业，也可作为课上的补充练习。第1课和第2课的“听后重复”练习，为方便教学，录音设计为两遍：第一遍句子后空5秒，第二遍后空4秒，教师可加以利用。

“模拟考试（二）—（五）”是对分项训练的检验，同时也是一种实战演练。在教学内容全部进行完以后，教师可以安排做模拟考试，让学生进一步增加实际考试的经验，并把学到的内容运用到模拟考试中去。这时的模拟考试应该严格按照实际考试的程序进行。学生必须在规定的时间内做规定的内容。有条件的还可以给学生做模拟准考证，要求学生按照准考证填写信息卡。

在模拟考试之后，应该安排一次总结课。在总结课上对模拟考试的试卷进行分析，可以结合第一次模拟考试的情况分析学生有进步的地方，增强学生的自信心；也可以根据学生考试的情况，讲解他们目前还存在的问题和应注意的问题等。

本教程的录音MP3内容，除包括模拟考试和练习的指令、试题外，还包括参考表达，以期给口试考生提供更多的示范参考。

HSKK

第二单元 02

模拟考试（一）

汉语水平口语考试
HSKK（中级）
模拟试卷（一）01-1

注　　意

一、HSKK（中级）分三部分：

1．听后重复（10 题，5 分钟）

2．看图说话（2 题，4 分钟）

3．回答问题（2 题，4 分钟）

二、全部考试约 23 分钟（含准备时间 10 分钟）。

第一部分

第 1–10 题：听后重复

第二部分

第 11–12 题：看图说话

11.（2 分钟）

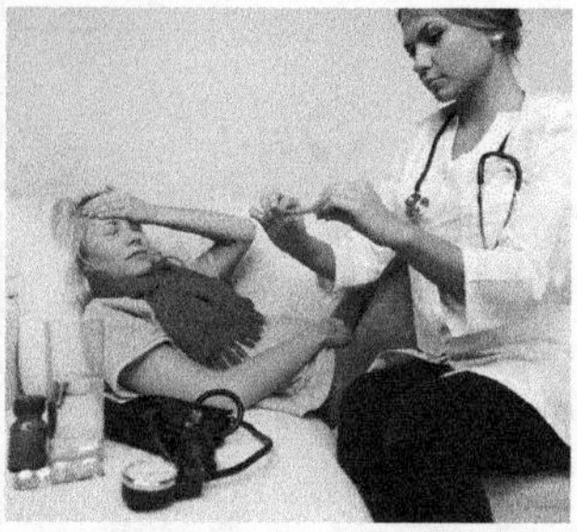

12.（2 分钟）

第三部分

第 13–14 题：回答问题

Qǐng jièshào nǐ de yí wèi hǎo péngyou.
13. 请 介绍 你 的 一 位 好 朋友。（2 分钟）

Qǐng shuō yíxià nǐ píngshí xǐhuan chī shénme fàn.
14. 请 说 一下 你 平时 喜欢 吃 什么 饭。（2 分钟）

模拟考试（一）录音材料、参考表达及讲评

• 录音材料 01-1

（音乐，30 秒，渐弱）

你好！你叫什么名字？ （10 秒）

你是哪国人？ （10 秒）

你的序号是多少？ （10 秒）

好，现在开始第 1 到 10 题。每题你会听到一个句子，请在“嘀——”声后重复这个句子。现在开始第 1 题。

1. 今天 |①他又迟到了。 （10 秒）
2. 昨天的演出 | 很精彩。 （10 秒）
3. 今天 | 图书馆不开门。 （10 秒）
4. 我 | 只看过 ¦ 一次京剧。 （10 秒）
5. 他 | 经常跟我 ¦ 开玩笑。 （10 秒）
6. 这些药 | 一共两百元。 （10 秒）
7. 我们 | 应该在周末 ¦ 开个会。 （10 秒）
8. 我们 | 是打车 ¦ 还是坐地铁？ （10 秒）
9. 她 | 把护照 ¦ 放在办公室了。 （10 秒）
10. 手机 | 对人们的生活 ¦ 影响很大。 （10 秒）

好，现在开始准备第 11 到 14 题，可以在试卷上写提纲，准备时间为 10 分钟。

准备时间结束。现在开始第 11 题。 （2 分钟）

第 11 题结束。现在开始第 12 题。 （2 分钟）

第 12 题结束。现在开始回答第 13 题。 （2 分钟）

第 13 题结束。现在开始回答第 14 题。 （2 分钟）

好，考试现在结束，谢谢你！

---

① 句子画“|”处是供考生参考停顿的地方。

参考表达及讲评

录音材料开始部分

录音材料开始时是三句问考生信息的话，考生应该用完整句回答（每句问话后分别空 10 秒用于考生回答）。考生应清楚地说明自己的信息，语速不必太快，不要紧张。使用的句型可以是：

01-2

我叫……。

我是……人。

我的序号是……。（注意：序号中如果有数字“1”，最好读成“yāo”）

第一部分

第 1–10 题，要求考生听一个句子后重复一遍。一共有 10 个句子，各播放一遍，每个句子的“嘀——”声后大约空 10 秒用于考生重复。全部试题用时 5 分钟。

这部分的评分标准是：

高： 考生能准确地重复听到的句子。
中： 考生不能完整地重复听到的句子。
低： 考生重复内容与播放的句子相关性很差。

重复时应注意句子准确，并注意句中的重音、停顿和句末的语调。

第二部分

第 11 和 12 题，看图说话。两个题，每题后空两分钟用于考生回答。第 11 题开始之前，录音中提示第 11–14 题共有 10 分钟的准备时间，可以写回答提纲。这 4 道题，平均每道题的准备时间为两分多钟。

这部分的评分标准是：

高： 考生的回答与图片内容相符，表达流利，有少量停顿、重复。
中： 考生的回答与图片内容基本相符，停顿、重复、语法错误较多。
低： 考生的回答与图片内容基本无关，信息量小且零乱。

11.

图片	表达举例	评分
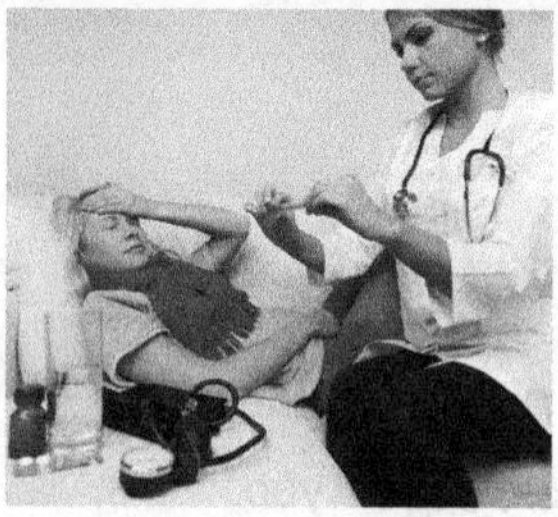	今天早上起床后，我非常不舒服，头疼、发烧，没有力气，我去了医院，大夫给我量了体温，38度多。医生说："你感冒了，应该请假休息。" 01-3	高
	一个人生病了，不舒服，躺在床上，医生给她量温度，发现她发烧了，这个人很难受的样子。	中
	一个女人生病了，在床上躺，医生看她的温度，发烧，女人不高兴。	低

12.

图片	表达举例	评分
	小王今天上午有个重要的会议，但是因为有事，他出门晚了。眼看要迟到了，他很着急，拿着公文包急急忙忙往公司跑，跑得满头大汗。还好，总算没迟到。 01-4	高
	图上的人很快地跑，他手里拿着包，他快迟到了，他很着急。	中
	一个男人很着急，跑着，手里拿着包。	低

第三部分

第 13 和 14 题：回答问题。两道题（句子上带拼音），回答时间各为两分钟。这部分的评分标准是：

高：	考生能就问题做出回答，内容丰富，表达流利，有少量停顿、重复、语法错误。
中：	考生能就问题做出回答，但信息量较少，停顿、重复、语法错误较多。
低：	考生答非所问，信息量少且不连贯。

Qǐng jièshào nǐ de yí wèi hǎo péngyou.
13. 请介绍你的一位好朋友。

表达举例	评分
我最好的朋友叫苏珊。她今年21岁，住在洛杉矶，她是我的大学同学。我们有许多共同的爱好，比方说我们都喜欢爬山，都喜欢打篮球。但是我们的性格不太一样，我很安静，她很活泼。苏珊很幽默，常常开玩笑，跟她在一起，我总是很快乐。 *01-5*	高
我有一个好朋友叫苏珊，她今年21岁，住在洛杉矶，她是我的大学同学，她喜欢运动，我也喜欢运动，我们是最好的朋友。	中
我的好朋友叫苏珊，她今年21岁，她是大学生，我们是好朋友。	低

Qǐng shuō yíxià nǐ píngshí xǐhuan chī shénme fàn.
14. 请说一下你平时喜欢吃什么饭。

表达举例	评分
我平时喜欢吃中国饭，米饭、面条、饺子什么的，我都喜欢。我特别喜欢吃四川菜，虽然有点儿辣，可是好吃极了。我平时也喜欢自己做饭，不过最近我很忙，所以不得不每天吃方便面。 *01-6*	高
我平时喜欢吃中国饭，米饭、面条、饺子什么的，我都喜欢。	中
我喜欢普通的饭菜。米饭什么的，我都喜欢。	低

第二部分和第三部分的题目要特别注意成段表达，并且使用丰富的词语，要适当使用连接词语。上面按评分标准，给出了高、中、低三类参考标准（考生不作答的话，按0分计），请对照标准自测打分。

HSKK

第三单元 03

分项突破

HSKK（中级）主要考查考生在口语表达方面是否达到中级水平，即是否已经在口语中掌握：

1. HSK 笔试三、四级大纲所要求的重点句式；

2. HSK 笔试三、四级大纲所对应的较丰富的词汇量；

3.《国际汉语能力标准》三、四级所要求的功能项目。

为完成上述测试任务，HSKK（中级）用以下三种形式来对考生进行考查：

考试内容	
第一部分	听后重复
第二部分	看图说话
第三部分	回答问题

上述三个部分的考查内容各有侧重，我们将分六课加以说明。

第1课 听后重复（一）

题型与特点

● 题型

HSKK（中级）的第一部分是听后重复，共10道题。这部分试题，每道题录音中播放一个句子（只播放一次），要求考生听后自己重复一次刚刚听到的句子，并把重复的内容进行录音。例如：

考生听到： 02-1-1

1. 今天他又迟到了。

之后有约10秒的空儿，考生要在这个时间内，重复一次刚刚听到的句子："今天他又迟到了。"同时进行录音。

● 特点

"听后重复"是HSK口试中独特的题型，在初级和中级口试中都采用了这种考查方式。这是一种区分度非常高的口试题型，通过测试考生的跟读能力，可以清晰地了解考生对于中级词汇、句型等的听力理解力，从而检测出考生的口头表达潜力。下表是笔者根据多年的口语测试经验总结出的不同级别考生在"听后重复"中所表现出的能力图表：

级别 项目	初级	中级	高级
句式	简单单句	复杂单句	复句
信息点数	2–3个信息点	3–5个信息点	5个以上信息点
句子长度	约2–9字	约8–12字	约9–16字
例句	我女儿八岁了。	大家都很关心您的健康。	周末他不是睡懒觉，就是出去玩儿。

下面是HSKK（中级）大纲样卷中"听后重复"部分的考试题目： 02-1-2

（1）他最近经常去爬山。

（2）我们打算下个月结婚。

（3）今天图书馆不开门。

（4）大家都很关心您的健康。

（5）我们必须想个好办法。

（6）会议材料已经准备好了。

（7）中国是个多民族的国家。

（8）请告诉我您的护照号码。

（9）她给我留下了很深的印象。

（10）我觉得这条裙子很适合你。

分析上面的样题，结合真题，我们可以发现 HSKK（中级）“听后重复”部分的试题有以下特点：

1. 句子一般为单句。这部分的 10 道样题全部为单句，没有出现复句。综合考察可以认为，这部分的考查以单句为主。随着考试的深入和完善，并不能排除像“因为……所以……”之类简单复句出现的可能性。

2. 句子一般都添加了状语或定语成分。句子的主语、谓语、宾语，一般不是光杆词，而是添加了虚词（副词、介词、连词和助词占绝大部分）或名词性状语成分。如：例（1）添加了“最近”“经常”，例（3）添加了“今天”，例（4）添加了“都”“很”，例（6）添加了“已经”“了”，等等。

3. 句子长度一般为 8–12 字，包含至少 3 个以上的信息点。

4. 句子一般为 HSK 笔试三、四级大纲所要求的重点句式。如：例（6）是无标志被动句，例（8）是双宾语句，例（9）是“A 给 B 留下……印象”句型，等等。

5. 句子中所有词汇都在 HSK 笔试三、四级大纲所要求的词汇范围内。在样题中，10 个句子没有出现超纲词语。

6. 句子一般从短到长排列。这一点比较符合测试心理学由易渐难的要求。

考点与难点（一）　　简单单句

● 说明

“听后重复”部分考查内容以单句为主。简单单句是复杂单句的基础，如果对于简单单句的框架和句式模糊不清，理解和重复复杂单句就会更加困难。

● 常见错误

1. 句子支离破碎（zhīlí pòsuì）。

由于对汉语基本句式框架了解不清，不能从宏观上把握全句，或者缺乏对简单单句的听读训练，听到句子后，往往“只见树木，不见森林”，也就是说只捕捉（bǔzhuō）到个别词语，不能把握全句，因而重复时变成一些断断续续的词语的堆砌（duīqì）。如，例（7）“中国是个多民族的国家”一句，有的考生只重复为“中国……民族……国家”。

2. 遗忘前段或后段。

有的考生由于对汉语基本句式框架心里没底，听句子时，往往高度紧张，结果注意了前段忘了后段，或者注意了后段忘了前段，顾此失彼（gù cǐ shī bǐ）。如，例（3）“今天图书馆不开门”一句，只重复为“今天图书馆……”；又如，例（5）“我们必须想个好办法”一句，有些考生只记住最后听到的“想个好办法”而忘掉了前段。

3. 串句。

串句问题是指听后重复后一句话时，把前一题的内容混杂进去的现象。笔者在所在学校担任口试考官时，发现在“听后重复”部分考生经常出现这种情况。这种前后句混杂现象，很可能是由于考生单句听力不过关，缺乏自信，高度紧张，来不及清理掉上一句的信息而造成的。

● 应试策略与技巧

1. 熟悉汉语最基本的单句框架。

汉语的单句，除了像“请进！”之类的祈使句外，大部分属于“主—谓”结构，也就是说，大部分汉语单句可以分成两大块——**“主语＋谓语”**，即：

主语（S） ＋ **谓语（wèiyǔ）（P）**

根据这个框架，汉语中的大部分单句都可以分成“谁—怎么样”或者“什么—怎么样”两大块。考生在准备单句时，要在头脑中有清晰的**二分框架**，从宏观上把握整句。例如样卷中的以下句子可以二分为：

他 | 最近经常去爬山。（第 1 题）

我们 | 打算下个月结婚。（第 2 题）

会议材料 | 已经准备好了。（第 6 题）

中国 | 是个多民族的国家。（第 7 题）

她 | 给我留下了很深的印象。（第 9 题）

2. 熟练掌握基本单句句式。

汉语的基本单句，按照谓语类型的不同，大致分为以下基本句式（类型一～类型三，7个句式）。这些基本单句是构成复杂单句的基础，需要通过反复练习，举一反三，牢记掌握。

类型一 动词性谓语 这是汉语中最常见的句式。包括以下五个常见句式：

· 句式1

S	+ V
他们	考试。

· 句式2

	S	+ V +	bīnyǔ 宾语
（1）	我	认识	她。
（2）	我	有	姐姐。

· 句式3

	S	+ V +	结果 / 地点
（1）	材料	准备	好了。
（2）	他	住	在学校。

· 句式4

S	+ V	+ 得	+ 补语
你	说	得	对。

· 句式5

S	+ 是	+ N
北京	是	首都。

类型二 形容词谓语句 注意，汉语形容词做谓语时，不需要用“是”，但是在形容词的前面，一般添加“很、非常、特别、不”等副词，形容词很少单独做谓语。句式为：

· 句式6

	S	+ 很 / 非常 / 特别 / 不	+ Adj
（1）	演出	很	精彩。
（2）	葡萄	不	新鲜。

类型三 名词性谓语句 汉语中，名词有时候可以直接做谓语。句式为：

· 句式 7

S	+	N
（1）今天		星期五。
（2）她		24 岁。
（3）现在		八点。

否定 →

S	+	不是	+	N
（1）今天		不是		星期五。
（2）她		不是		24 岁。
（3）现在		不是		八点。

注意 句式 7 的否定形式，不是直接加“不”，而是需要用“不是”否定。

3. 增强自信，专注而放松。

在掌握单句句式的基础上，听句子时要对自己有信心，排除紧张情绪。同时，听完重复之后，即使还有没有把握的地方，脑子也要迅速清空，准备听下一个句子。不要反复纠缠于已经过去的题目，防止分神串句。

练习一

一边听，一边把句子补充完整，然后重复一遍。 02-1-3[①]

1. 他 ________________。
2. 我 ________________。
3. 作业 ________________。
4. ________________ 准备好了。
5. 我们 ________________。
6. 我 ________________。
7. ________________ 有三只熊猫。
8. 你 ________________。
9. 他 ________________。
10. 明天 ________________。
11. 现在 ________________。
12. ________________ 九岁了。
13. 他的工作 ________________。
14. ________________ 很湿润。
15. ____________ 很 ____________。

① 本书“听后重复”练习录音设计为两遍：第一遍后空 5 秒，第二遍后空 4 秒，以训练快速重复能力。

练习二

听后重复，边听边做简要的记录。 02-1-4

1. 我＿＿＿＿＿＿＿＿＿＿＿＿。
2. 商店＿＿＿＿＿＿＿＿＿＿＿。
3. 演出＿＿＿＿＿＿＿＿＿＿＿。
4. 故事＿＿＿＿＿＿＿＿＿＿＿。
5. 他＿＿＿＿＿＿＿＿＿＿＿＿。
6. 一年＿＿＿＿＿＿＿＿＿＿＿。
7. 桌子上＿＿＿＿＿＿＿＿＿＿。
8. 他＿＿＿＿＿＿＿＿＿＿＿＿。
9. 妈妈＿＿＿＿＿＿＿＿＿＿＿。
10. 她的＿＿＿＿＿＿＿＿＿＿＿。
11. 现在＿＿＿＿＿＿＿＿＿＿＿。
12. 今天＿＿＿＿＿＿＿＿＿＿＿。
13. 你的＿＿＿＿＿＿＿＿＿＿＿。
14. 这个＿＿＿＿＿＿＿＿＿＿＿。
15. 这本＿＿＿＿＿＿＿＿＿＿＿。

考点与难点（二）　添加“的”“地”“得”的句子

• 说明

和HSKK（初级）不同，HSKK（中级）“听后重复”不再是简单的“主—谓”句或“主—谓—宾”句，而是通过添加其他成分，使单句变得比较复杂，从而使重复的难度变大。汉语有三个结构助词——“的”“地”“得”，添加这些成分可以把一个简单的句子变成复杂的句子，考试时这种方式使用频率非常高，考生应该很好地掌握。

• 常见错误

1. 有“的”“地”“得”的句子通常是比较复杂的句子，由于对结构不熟悉，不能把握全句，重复时出现遗漏。

2. 在有多个定语时，不知道“的”应该出现的位置。如，例7“中国是个多民族的国家”，有的考生会重复成“* 中国是个多的民族国家”。

3. 考生不知道什么地方必须用“的”，什么地方可以不用，在重复时出错。如“我女儿九岁了”，有的考生重复为“我的女儿九岁了”。

4. 这三个结构助词中，“的”是难点，因为它的用法比较多，不容易全面掌握。

● 应试策略与技巧

1. 了解“的”“地”“得”的作用和位置。

	作用	格式	例句
de 的	修饰说明主语和宾语。	N_1 的 N_2	小华的哥哥是警察。
		Adj 的 N	丽江是个浪漫的地方。
		V 的 N	刚买的冰箱坏了。
de 地	修饰说明谓语。	Adj 地 V	他高兴地唱歌。
de 得	放在谓语后，补充说明谓语的结果或状态。	V 得很 Adj	任务完成得很好。
		V 得 VP	她哭得说不出话来。

2. 掌握“的”字结构。

名词（或形容词、动词）+“的”，可以用来指代后面省略了的名词，构成“的”字结构。如：

“的”字结构	举例
N 的	我的（自行车）
Adj 的	新鲜的（水果）
V 的	刚买的（冰箱）

在汉语中，“这辆自行车是我的自行车”这句话通常说成“这辆自行车是我的”。这里，“我的”就等于“我的自行车”。“的”字结构是汉语中的常用短语，考生需要熟悉掌握。

3. 记住定语中不需要“的”的情形。

汉语中，有时候定语中一定要有“的”，如“小芳的妈妈”；有时则可以省略，如“我妈妈”。了解这些规则，在听后重复中可以避免出错。

序号	定语中不需要“的”的情形	定语中需要“的”的情形
1	代词做定语，修饰表示亲属的词语。 如：我妈妈、他哥哥	定语不是代词，或后面不是亲属词语。 如：小芳的妈妈、他的汽车
2	前边是复数代词，后边是属于集体的名词（人或单位）。 如：我们老师、他们工厂	前边不是复数代词，或后边是属于集体的名词（人或单位）。 如：他的老师、他们的书

（续表）

序号	定语中不需要“的”的情形	定语中需要“的”的情形
3	单音节的形容词和名词之间。 如：新房子、红衣服	非单音节的形容词和名词之间。 如：很新的房子、大红的衣服
4	说明质料或性质的定语后边。 如：木头椅子、中国地图	说明用途的复杂定语后边。 如：装衣服的袋子、学英语用的录音机
5	说明职业的定语后边。 如：中文老师、网络工程师	——
6	量词和名词之间。 如：一个学生、这种事情	——

4. 从听短句到听长句反复练习，循序渐进。

听后重复不可能一下子就做好，它体现的是听力和口语的综合能力，需要大量反复练习。为此我们在这部分的练习中提供了从听短句到听长句的循序渐进的过渡练习。

练习三

听后重复下列句子（从听短句到听长句过渡），对照录音材料，记录下你没有重复出的内容。 02-1-5

• 1. 哥哥______________。
2. ______________。
3. ______________。
4. ______________。
• 5. 上海______________。
6. ______________。
• 7. 中国______________。
8. ______________。
• 9. 考试______________。
10. ______________。
• 11. 弟弟______________。
12. ______________。
13. ______________。
• 14. 冰箱______________。
15. ______________。
• 16. 墙上______________。
17. ______________。
18. ______________。

• 19. 说明书 ______________________。

20. ______________________。

• 21. 她的______________________。

22. ______________________。

• 23. 她______________________。

24. ______________________。

25. ______________________。

• 26. 电脑______________________。

27. ______________________。

• 28. 商店______________________。

29. ______________________。

• 30. 故事 ______________________。

31. ______________________。

32. ______________________。

• 33. 风 ______________________。

34. ______________________。

35. ______________________。

• 36. 他 ______________________。

37. ______________________。

• 38. 他的______________________。

39. ______________________。

• 40. 你的 ______________________。

41. ______________________。

• 42. 手机 ______________________。

43. ______________________。

• 44. 这______________________。

45. ______________________。

考点与难点（三） 添加“了”“着”“过”的句子

• 说明

“了”“着”“过”是汉语的三个动态助词，它们的作用部分类似于英语中的时态变化，使用频率很高，特别是“了”在HSKK（中级）的“听后重复”试题中经常出现。

• 常见错误

1. 忽略。

由于这三个助词在句子中都读轻声，因此听的时候很容易被忽略。

2. 重复时位置放错。

如把“没看过京剧”重复成“* 没看京剧过”。

• 应试策略与技巧

1. 记住“了”“着”“过”的常见位置。

	位置	例句
le 了	1. V + 了（表示完成）	他买了一本汽车杂志。
	2. Adj + 了	天晴了。
	N + 了（多表示变化）	春天了。/ 现在八点了。
	句尾	她哭了。
	3. V_1 + 了（+ 宾语）……就 V_2	我们看了电影就回家。
	4. 去 / 到……V + 了（+ 宾语）（用于目的连动句中）	我去图书馆借了两本书。
zhe 着	1. V_1 + 着（+ 宾语）+ V_2（表示方式）	他听着音乐睡着（zháo）了。
	2. 某地方 + V + 着……（表示存现）	桌上放着三本杂志。
	3. N + V/Adj + 着（表示状态）	图书馆的门开着。/ 教室的灯亮着。
guo 过	1.（没有 + ）V + 过 + 宾语（表示经历）	我（没有）看过京剧。
	2. 去 / 到……V + 过（+ 宾语）（目的连动句放在后面）	他到中国游览过长城。

2. 注意动词是离合词的情况。

汉语中有一类动词，合起来是一个动词，分开来时中间可以插入其他成分，这类动词叫离合式动词。离合式动词一般由一个动语素和一个名语素组成，这时后面的名语素实际上是前面一个动语素的宾语，所以“了”“着”“过”和数量词要放在名语素的前面。例如：

（1）孩子们洗了澡就去休息了。

（2）她帮过两次忙。

例（1）句中，“洗澡”是离合式动词，所以“了”放在“洗”和“澡”之间。同样，例（2）句中“帮忙”是离合式动词，所以“过”和“两次”放在“帮”和“忙”之间。

需要说明的是，汉语中像“帮忙”和“洗澡”这样的离合式动词数量很多，它们除了上面提到的在使用“了”“着”“过”时用法和普通动词不同外，还具有不能加宾语（如不说“*见面朋友”）、一般需要有介词配合使用（“跟他结婚”）等特点，考生应全面掌握。

中级阶段重要的离合式动词

bāng máng bào míng bì yè chàng gē chōu yān chū chāi dǎ zhé dǎ zhēn dān xīn dǔ chē
帮忙、报名、毕业、唱歌、抽烟、出差、打折、打针、担心、堵车、

fàng xīn fù kuǎn gān bēi gòu wù guā fēng jiā bān jiǎn féi jiàn miàn jié hūn kǎo shì lǐ fà
放心、付款、干杯、购物、刮风、加班、减肥、见面、结婚、考试、理发、

liáo tiānr pá shān pái duì qǐ chuáng qǐng jià sàn bù shāng xīn shàng bān shàng wǎng shēng bìng
聊天儿、爬山、排队、起床、请假、散步、伤心、上班、上网、生病、

shēng qì shuā yá shuì jiào shuō huà tiào wǔ xǐ zǎo xià yǔ yóu yǒng zhàn xiàn
生气、刷牙、睡觉、说话、跳舞、洗澡、下雨、游泳、占线

练习四

听后重复句子，注意其中的“了”“着”“过”，并在横线上做记录。 *02-1-6*

• 1. 他______________。

2. ______________。

• 3. 他______________。

4. ______________。

• 5. 老师______________。

6. ______________。

• 7. 我______________。

8. ______________。

• 9. 我们______________。

10. ______________。

• 11. 她______________。

12. ______________。

• 13. 叶子______________。

14. ______________。

• 15. 他______________。

16. ______________。

• 17. 妈妈______________。

18. ______________。

19. ______________。

• 20. 下面______________。

21. ______________。

22. ______________。

• 23. 超市的______________。

24. ______________。

· 25. 我 ________________。

26. ________________。

27. ________________。

· 28. 我 ________________。

29. ________________。

30. ________________。

· 31. 我 ________________。

32. ________________。

33. ________________。

本课小结

● 主要考点难点：

① 简单单句

② 添加“的”“地”“得”的句子

③ 添加“了”“着”“过”的句子

● 考生常犯错误：

1. 句子支离破碎；遗忘前段或后段；串句。
2. 不熟悉结构，重复时遗漏“的”“地”“得”；不熟悉“的”的位置和用法。
3. 忽略“了”“着”“过”，重复时“了”“着”“过”位置放错。

● 应试策略技巧：

1. 熟悉汉语“主—谓”式单句框架。熟练掌握7个基本单句句式。增强自信，专注而放松。
2. 了解“的”“地”“得”的作用和位置。掌握“的”字结构。重点掌握“的”的用法，特别是定语中不需要用“的”的情形。从听短句到听长句反复练习，循序渐进。
3. 记住“了”“着”“过”的常见位置。注意动词是离合词的情况。

课后练习

一、听录音，然后大声朗读每个句子，每个句子从慢到快朗读两遍。 *02-1-7*

1. 他住在学校附近。

2. 母亲从来没有上过网。

3. 这里的夏天很凉快。

4. 说明书写得很详细。

5. 中国发展得非常快。
6. 教授激动得哭了。
7. 签证终于办好了。
8. 城市的污染很严重。
9. 他开着灯睡着了。
10. 这台电脑是王老师的吗？
11. 地铁里有很多广告。
12. 桌子上放着一台打印机。
13. 我们到了家就给你打电话。
14. 我去图书馆借了两本历史书。
15. 她手里拿着一个红杯子。
16. 这是一本浪漫的爱情小说。

二、听后重复句子，然后对照录音材料，记录下你没有重复出的内容。 02-1-8

1. ________________。
2. ________________。
3. ________________。
4. ________________。
5. ________________。
6. ________________。
7. ________________。
8. ________________。
9. ________________。
10. ________________。
11. ________________。
12. ________________。
13. ________________。
14. ________________。
15. ________________。
16. ________________。
17. ________________。
18. ________________。
19. ________________。
20. ________________。
21. ________________。
22. ________________。
23. ________________。
24. ________________。
25. ________________。
26. ________________。
27. ________________。
28. ________________。
29. ________________。
30. ________________。

第1课练习录音材料

练习一 02-1-3

1. 他没去考试。
2. 我不认识她。
3. 作业做完了。
4. 会议材料准备好了。
5. 我们住在附近。
6. 我有两个姐姐。
7. 动物园里有三只熊猫。
8. 你做得不对。
9. 他说得不详细。
10. 明天是他的生日。
11. 现在十点半了。
12. 我女儿九岁了。
13. 他的工作很辛苦。
14. 这里的气候很湿润。
15. 她的性格很活泼。

练习二 02-1-4

1. 我不喝果汁。
2. 商店关门了。
3. 演出结束了。
4. 故事讲完了。
5. 他不住在饭店。
6. 一年有十二个月。
7. 桌子上有三本杂志。
8. 他唱得非常好。
9. 妈妈咳嗽得很厉害。
10. 她的房间号是718。
11. 现在十一点一刻。
12. 今天星期三了。
13. 你的字真漂亮。
14. 这个笑话很无聊。
15. 这本小说很浪漫。

练习三 02-1-5

1. 哥哥是个警察。
2. 他哥哥是个警察。
3. 小华的哥哥是个警察。
4. 小华的哥哥是个优秀的警察。
5. 上海是个大城市。
6. 上海是中国最大的城市。
7. 中国是个国家。
8. 中国是个多民族的国家。
9. 考试比较简单。
10. 上午的考试比较简单。
11. 弟弟笑了。
12. 弟弟高兴地笑了。
13. 我们老师高兴地笑了。
14. 冰箱坏了。

15. 刚买的冰箱坏了。
16. 墙上有一张地图。
17. 墙上有一张中国地图。
18. 教室的墙上有一张中国地图。
19. 说明书很详细。
20. 说明书写得很详细。
21. 她的衣服很漂亮。
22. 她的红衣服很漂亮。
23. 她说不出话。
24. 她说不出话来。
25. 她哭得说不出话来。
26. 电脑是我的。
27. 这个电脑是我的。
28. 商店关门了。
29. 学校的商店关门了。
30. 故事很精彩。
31. 爷爷的故事很精彩。
32. 爷爷的故事讲得很精彩。
33. 风真大！
34. 外面的风真大！
35. 外面的风刮得真大！
36. 他住在饭店里。
37. 他住在附近的饭店里。
38. 他的歌非常好。
39. 他的歌唱得非常好。
40. 你的字真漂亮。
41. 你的字写得真漂亮。
42. 手机是王老师的。
43. 这个手机是王老师的。
44. 这是一本爱情小说。
45. 这是一本浪漫的爱情小说。

练习四 02-1-6

1. 他买汽车杂志。
2. 他买了一本汽车杂志。
3. 他去登山。
4. 他去登山了。
5. 老师出差（chāi）了。
6. 王老师出差去了。
7. 我去图书馆借书。
8. 我去图书馆借了两本书。
9. 我们回家。
10. 我们看了电影就回家。
11. 她很吃惊。
12. 她听了以后很吃惊。
13. 叶子红了。
14. 山上的叶子红了。
15. 他睡着了。
16. 他听着音乐睡着了。
17. 妈妈笑了。
18. 妈妈满意地笑了。
19. 妈妈看着我满意地笑了。
20. 下面放着足球。
21. 下面放着一个足球。
22. 桌子下面放着一个足球。
23. 超市的门开着。
24. 学校超市的门开着呢。
25. 我请他帮忙。
26. 我请他帮过忙。
27. 我请他帮过一次忙。
28. 我出过国。

29. 我出过很多次国。
30. 我还没有出过国。
31. 我去旅游过。
32. 我去南方旅游过。
33. 我没去南方旅游过。

课后练习

一 02-1-7

1. 他住在学校附近。
2. 母亲从来没有上过网。
3. 这里的夏天很凉快。
4. 说明书写得很详细。
5. 中国发展得非常快。
6. 教授激动得哭了。
7. 签证终于办好了。
8. 城市的污染很严重。
9. 他开着灯睡着了。
10. 这台电脑是王老师的吗？
11. 地铁里有很多广告。
12. 桌子上放着一台打印机。
13. 我们到了家就给你打电话。
14. 我去图书馆借了两本历史书。
15. 她手里拿着一个红杯子。
16. 这是一本浪漫的爱情小说。

二 02-1-8

1. 他们没有邀请我。
2. 哥哥兴奋得睡不着觉。
3. 行李箱整理好了。
4. 他爸爸是个著名的律师。
5. 你住在学校附近吗？
6. 这个句子有语法错误。
7. 南方的气候更湿润。
8. 她的性格很幽默。
9. 这些葡萄很新鲜。
10. 那本杂志的内容很丰富。
11.《现代汉语词典》是一本工具书。
12. 他讲的笑话真有意思。
13. 现在十点一刻了。
14. 外面的风刮得真大！
15. 钥匙在塑料袋里。
16. 他的中文说得很流利。
17. 教室的墙上有一张世界地图。
18. 他们完成得很好。
19. 打印机的说明书写得很详细。
20. 那个红书包是小王的。
21. 他们班的学生很努力。
22. 我到图书馆借了一本杂志。
23. 困了就休息一下吧。
24. 她听了以后很吃惊。
25. 他失望地离开了。
26. 老师拿着一本书走进来。
27. 手机拉近了人们的距离。
28. 孩子们洗过澡了。
29. 去上海的航班推迟了。
30. 姐姐的太阳镜花了300块钱。

第2课 听后重复（二）

考点与难点（四） 添加副词、介词、能愿动词的复杂单句

● 说明

除了第1课介绍过的复杂单句外，通过添加副词、介词、能愿动词的方式都可以使单句加长，变得更复杂。

● 常见错误

1. 漏掉添加成分。

由于平时学习时没有注意到副词等词的重要性，日常使用时不用，在考试听后重复时就常常会漏掉。如，样题中“大家都很关心您的健康”一句，很多学生在平时说话时“大家”的后面就常常不加“都”，听后重复的时候非常容易漏掉“都”。

2. 搞错位置。

平时学习时没有搞清副词等成分的正确位置，只知道词语大概的意思，不知道它的具体词性和用法，听后重复时位置容易出错。如“会议材料已经准备好了”一句，有的考生由于不清楚副词“已经”的位置，会重复成“*会议材料准备已经好了”或“*会议材料准备好了已经”。尤其是在多种成分同时出现的复杂句子里，搞不清副词、介词和能愿动词之间的相对位置而出错的情况很常见。如“他还没有把书给我”一句，有的考生会重复成“*他把书还没有给我”，就是由于平时就没有弄清几种成分谁在前，谁在后。

3. 忘记信息点。

由于受到句子中添加成分的干扰，听后重复时，忘记了句子中特别是后段的一些信息点。如，“大家都很关心您的健康”一句，由于受到“都”和“很”的影响，一些考生会忘掉最后的“健康”而重复成“*大家都很关心您”。又如“她不喜欢用铅笔写字”，有的考生由于受到“用铅笔”这个方式状语的干扰，忘掉了后面的“写字”。

● 应试策略与技巧

1. 掌握副词的添加规则：副词一般添加在动词或形容词前。

汉语中像“已经、很、不、没有、也、必须”这类词叫作副词。副词是“听后重复”部分单句试题常常添加的成分。大部分副词常常出现在动词或形容词的前面。如图：

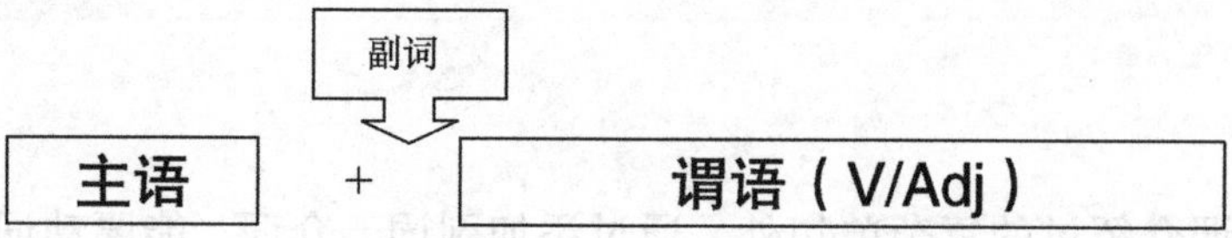

例如：

（1）他经常去爬山。

（2）大家都很关心您的健康。

（3）我们必须想个好办法。

（4）会议材料已经准备好了。

（5）那些葡萄非常新鲜。

注意 以下是例外：

A. 名词做谓语时，副词也会出现在名词前面。例如：

（6）这些药一共100块钱。

（7）现在才七点一刻。

B. 副词“极”在口语中常常放在形容词之后，而且后边通常有“了”。例如：

（8）昨天的演出精彩极了。

中级阶段重要的副词

bìxū bié bù cái cónglái dāngrán dōu duōme fēicháng gāng gèng guǒrán hái
必须、别、不、才、从来、当然、都、多么、非常、刚、更、果然、还、

hěn jīhū jí jīngcháng jìngrán jiù mǎshàng méi qíshí què tài tèbié xiān
很、几乎、极、经常、竟然、就、马上、没、其实、却、太、特别、先、

yídìng yígòng yìqǐ yǐjīng yòu yuè zài zhèng zhèngzài zhǐ zhōngyú zǒngshì zuì
一定、一共、一起、已经、又、越、再、正、正在、只、终于、总是、最

2. 掌握重要的介词结构句式。

汉语中，像“从、把、比”之类的词叫介词，它们常常和后面的名词一起构成介词结构，形成“介词＋N＋V”或“介词＋N＋Adj”的句式。如图：

介词＋名词

↓

主语 ＋ **谓语（V/Adj）**

例如：

（1）我从图书馆借了两本书。

（2）他对这个城市很熟悉。

注意 介词结构是汉语使简单单句变复杂的重要手段，常常出现在“听后重复”试题的长句里。最重要的介词结构句式有以下几个，考生需要重点掌握：

· **“把”字句**

	A	把	B	VP
（1）	他	把	空调	打开了。
（2）	她	把	电脑	送给了弟弟。
（3）	我	把	画儿	挂在了墙上。

· **“被”字句**

A	被	B	VP
行李箱	被	司机	拿走了。

· **“对”字句**

	A	对	B	很 Adj /V
（1）	他	对	我的成绩	很满意。
（2）	她	对	京剧	很感兴趣。

· **“比”字句**

	A	比	B	Adj（P）/V 得 Adj/N＋Adj
（1）	哥哥	比	弟弟	大（三岁）。
（2）	她	比	我	跑得快。
（3）	打针	比	吃药	效果好。

注意 “在＋N”这个结构有时放在动词的后面。如：“他住在学校。”

中级阶段重要的介词

ànzhào bǎ bèi bǐ chúle cóng duì gēnjù
按照、把、被、比、除了、从、对、根据、

gēn guānyú lí ràng wèi wèile xiàng zài
跟、关于、离、让、为、为了、向、在

3. 掌握能愿动词的添加位置。

汉语中，像“能、愿意、会”之类的词语，叫能愿动词（也叫“助动词”），它们一般放在动词前面。如：

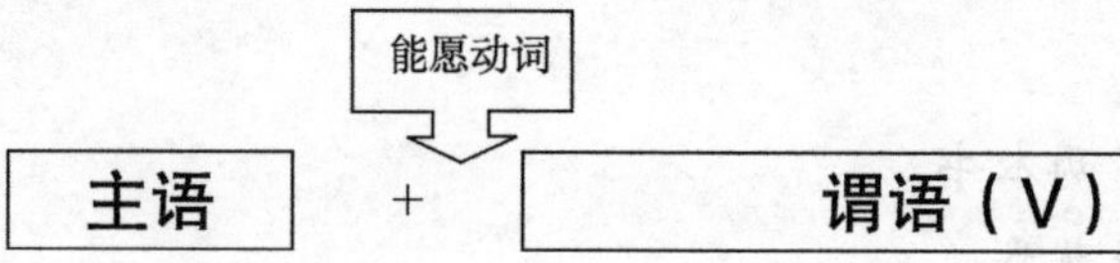

例如：

（1）我会做饭。

（2）你可以走了。

（3）明天可能下雨。

（4）你敢骑马吗？

重要的能愿动词

gǎn huì kěnéng kěyǐ néng yào yīnggāi yuànyì
敢、会、可能、可以、能、要、应该、愿意

4. 弄清能愿动词、副词、介词并用时的相对位置。

汉语中，当动词前同时出现介词结构、副词、能愿动词中的任意两项，或三项同时出现时，比较常见的相对位置是：

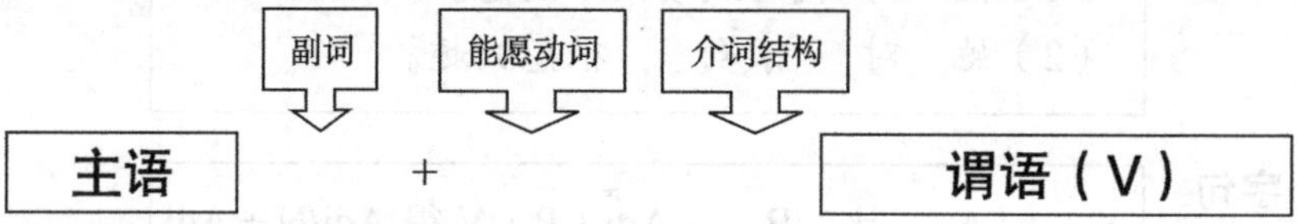

例如：

（1）他已经会游泳了。

（2）我还没把书还给他。

（3）我们应该向你们学习。

（4）游泳的时候，他已经敢把头放在水里了。

注意 以上只是一般的情况，例外情况也有，比如有时候副词也可以出现在介词结构后面，但意思不同。如：

（5）他也把我叫“小赵”。（别人把我叫“小赵”，他也叫我“小赵”）

（6）他把我也叫“小赵”。（他把别人叫“小赵”，他也叫我“小赵”）

练习一

边听边把句子补充完整，然后重复一遍。 02-2-1

1. 大家______很关心______。
2. 这些药______100______。
3. 现在______十点______。
4. 那个______有趣______。
5. 这个菜______________咸。
6. 我们______想个______。
7. 我______不吃______。
8. 我__________买了______。
9. 他____________很______。
10. 请你______灯__________。
11. 她________送给了__________。
12. 老师________贴在了________。
13. 父亲对_______很___________。
14. 她对________很___________。
15. 她________我____________。
16. 行李箱______司机__________。
17. 他__________会__________了。
18. 我______把______还给______。
19. __________应该__________学习。
20. 他____敢______放在______了。

练习二

听后重复，并简要记录你听到的副词、介词或能愿动词。 02-2-2

1. ______________________。
2. ______________________。
3. ______________________。
4. ______________________。
5. ______________________。
6. ______________________。
7. ______________________。
8. ______________________。
9. ______________________。
10. ______________________。
11. ______________________。
12. ______________________。
13. ______________________。
14. ______________________。

15. ______________________________。　　18. ______________________________。

16. ______________________________。　　19. ______________________________。

17. ______________________________。　　20. ______________________________。

考点与难点（五）　特殊句型

● 说明

除了“考点与难点（四）”中提到的“把”字句外，汉语中的一些特殊句型，如连动句、兼语句、双宾语句等也都是较长的复杂单句，应该熟悉它们的结构并熟练掌握。

● 常见错误

1. 抓不住全句。

由于对特殊句型结构不熟悉，抓不住重点，无法了解全句意思，难以重复。

2. 遗忘前段或后段。

由于特殊句型较长，听完后很容易遗忘前段或后段。

3. 遗漏信息点。

由于特殊句型中都包含四个左右的信息点，重复时非常容易遗漏。

● 应试策略与技巧

1. 牢记重点句型。

· **“VO”宾语句**

	S	V	VO
（1）	她	喜欢	看电影。
（2）	我们	打算	结婚。

· **“小句”宾语句**

	S	V	小句
（1）	我	觉得	这条裙子很适合你。
（2）	我	不知道	他喜欢我。

· **连动句**

S	V_1	（O）	V_2（O）
我	去	（超市）	买东西。

· **兼语句**

	S	V_1	O_1	V_2	（O_2）
（1）	我	请	他	介绍	中国文化。
（2）	老师	要求	我们	写三遍。	

说明 上面最后一个句型中，O_1 既是 V_1 的宾语，也是 V_2 的主语，这种句型叫"兼语句"。

· **双宾语句**

	S	V	O_1	O_2
（1）	我	告诉	你	一件重要的事。
（2）	张老师	教	我们	中文。

2. 注意多种句型的套用。

有时，一个复杂的单句是由多种句型同时使用构成的，要通过多听多练熟悉并掌握。例如"我们打算请他介绍中国文化"就是用一个兼语句做复杂宾语：

我们	打算	请他介绍中国文化。
主语	谓语	宾语

3. 要牢记例句。

对于复杂的特殊句型，应该通过牢记例句、反复练习、举一反三来掌握。

练习三

听后重复句子，并简要记录你听到的每个句子中的关键词。 02-2-3

1. ______________________。
2. ______________________。
3. ______________________。
4. ______________________。
5. ______________________。
6. ______________________。
7. ______________________。
8. ______________________。
9. ______________________。
10. ______________________。

11. ______________________。

12. ______________________。

13. ______________________。

14. ______________________。

15. ______________________。

16. ______________________。

考点与难点（六） 添加时间状语和地点状语的复杂单句

• 说明

除上面提到的一些重要句型和添加成分以外，“听后重复”试题中像时间词、地点状语等也是考点。

• 常见错误

1. 丢掉时间词或地点状语。

当句子加入时间状语、地点状语后，句子的信息点常常就会超过三个，这时候很容易发生遗漏现象。

2. 重复时搞错位置。

由于对时间状语、地点状语位置不清楚，重复时出错。

3. 缺乏系统训练，无法举一反三。

有的考生由于缺乏对汉语句法知识的系统学习和训练，对于时间词等，只是碰到一个解决一个，不能掌握规律举一反三。

• 应试策略与技巧

1. 习惯汉语中时间词多变的位置。

汉语的时间词在句中比较自由，可以放在句首，也可以放在句中。

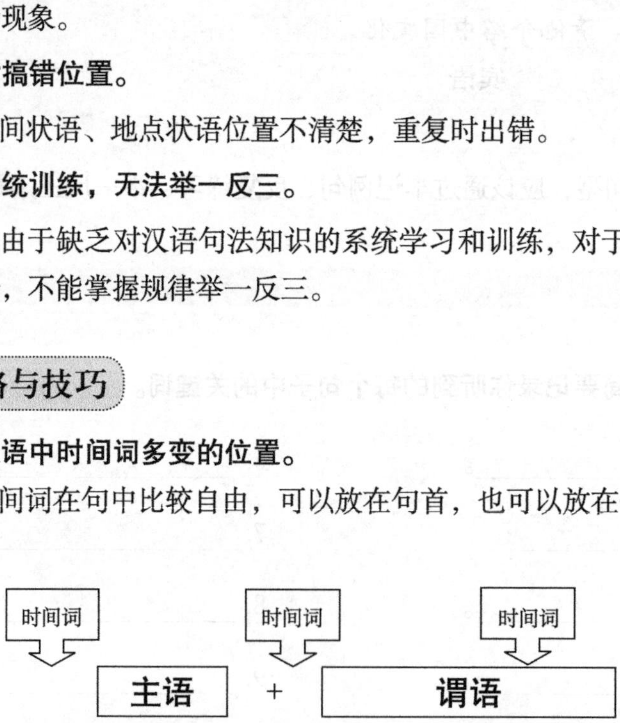

例如：

（1）明天我们不上课。

（2）我们明天不上课。

（3）我听说明天不上课。

2. 地点状语"在……"常放在句中，有时可以放在动词后。

例如：

（1）他在学校吃午饭。

（2）她坐在沙发上看电视。

3. 注意在"是……的"句型中的时间状语、地点状语。

"是……的"是汉语中用来强调已经发生的事情的时间、地点、方式的句型，这个句型中，时间状语或地点状语放在"是"和"的"之间。如：

	S	是	时间 / 地点 / 方式	V（O）的
（1）	我	是	昨天	来的。
（2）	这	是	在飞机场	买的。

4. 注意时间状语、地点状语连用时的前后位置。

时间状语与地点状语连用时，一般时间词在前，地点词在后。

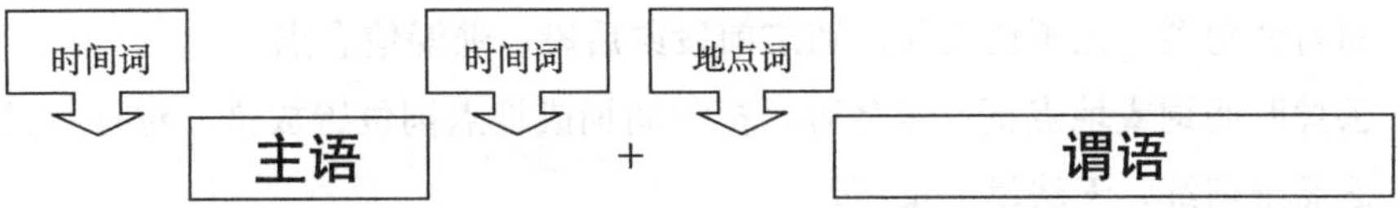

例如：

（1）昨天我在超市买了很多东西。

（2）我昨天在超市买了很多东西。

练习四

听后重复句子，注意时间状语和地点状语，并在横线上简要记录一下。 02-2-4

1. ________________。

2. ________________。

3. ________________。

4. ________________。

5. ______________________________。

6. ______________________________。

7. ______________________________。

8. ______________________________。

9. ______________________________。

10. ______________________________。

11. ______________________________。

12. ______________________________。

13. ______________________________。

14. ______________________________。

15. ______________________________。

16. ______________________________。

本课小结

•主要考点难点：

① 添加副词、介词、能愿动词的复杂单句

② 特殊句型

③ 添加时间状语和地点状语的复杂单句

•考生常犯错误：

1．漏掉副词、介词、能愿动词等添加成分，搞错它们的位置；忘记信息点。

2．对特殊句型，抓不住全句，遗忘前段或后段；遗漏信息点。

3．丢掉时间词或地点词；重复时，把时间词或地点词位置放错；对时间词等缺乏系统训练，无法举一反三。

•应试策略与技巧：

1．掌握副词的添加规则。掌握重要的介词结构句式。掌握能愿动词的添加位置。弄清能愿动词、副词、介词并用时的相对位置。

2．牢记重点句型。注意多种句型的套用。要牢记例句。

3．习惯汉语中时间词多变的位置。地点状语“在……”常常放在句中，有时放在动词后。注意在“是……的”句型中的时间状语和地点状语的位置。注意时间状语和地点状语连用时的前后位置。

课后练习

一、听录音，大声读下面的句子，每个句子从慢到快读两遍。 02-2-5

1. 大家都很关心您的健康。
2. 我们必须想个好主意。
3. 我从大使馆把签证取回来了。
4. 我对北京的交通很熟悉。
5. 请你把空调关掉。
6. 中国把熊猫送给了日本。
7. 老师把地图挂在了墙上。
8. 她对中国文学很感兴趣。
9. 抽烟对身体没有好处。
10. 照相机被妹妹弄坏了。
11. 我们应该向你道歉。
12. 请告诉我您的电话号码，好吗？
13. 你不知道加油站禁止抽烟吗？
14. 我们请李教授给我们介绍中国文化。
15. 他们决定请律师帮忙。
16. 我妹妹在上海留学。
17. 昨天我在商店买了很多水果。
18. 我是两年前开始学习书法的。
19. 我们十二点半在学校门口见。
20. 这个消息让他非常激动。
21. 那位著名的演员深受观众的喜爱。
22. 她给我留下了很深的印象。
23. 这件事对中国历史有很深的影响。
24. 你来尝尝这个菜咸不咸。
25. 现在的交通越来越方便了。

二、听后重复句子，记录下你没有重复出的内容。 02-2-6

1. ______________________________。
2. ______________________________。
3. ______________________________。
4. ______________________________。
5. ______________________________。
6. ______________________________。
7. ______________________________。
8. ______________________________。
9. ______________________________。
10. ______________________________。
11. ______________________________。
12. ______________________________。

13. ____________________。

14. ____________________。

15. ____________________。

16. ____________________。

17. ____________________。

18. ____________________。

19. ____________________。

20. ____________________。

21. ____________________。

22. ____________________。

23. ____________________。

24. ____________________。

25. ____________________？

第 2 课练习录音材料

练习一 02-2-1

1. 大家都很关心您。
2. 这些药一共 100 块钱。
3. 现在才十点半。
4. 那个故事有趣极了。
5. 这个菜非常咸。
6. 我们必须想个好主意。
7. 我从来不吃肉。
8. 我从书店买了两本书。
9. 他对这个城市很熟悉。
10. 请你把灯关掉。
11. 她把电脑送给了弟弟。
12. 老师把通知贴在了墙上。
13. 父亲对我的成绩很满意。
14. 她对京剧很感兴趣。
15. 她比我跑得快。
16. 行李箱被司机拿走了。
17. 他已经会游泳了。
18. 我还没把书还给他。
19. 我们应该向你们学习。
20. 他已经敢把头放在水里了。

练习二 02-2-2

1. 每个人都有自己的优点。
2. 她还没睡醒呢。
3. 这个女大学生才十七岁。
4. 这里的交通方便极了。
5. 他们正在讨论那个计划。
6. 京剧一直很受欢迎。
7. 下雨后空气非常湿润。
8. 学校离机场不远。
9. 这种药对头疼很有效。
10. 她把衣服弄脏了。
11. 我终于把房间打扫干净了。
12. 他想把画儿挂在墙上。
13. 他被经理批评了。
14. 她对自己的工作没兴趣。
15. 地铁比公共汽车快多了。
16. 你敢用冷水洗澡吗?
17. 她不愿意用宾馆的毛巾。
18. 有的手机还可以照相。
19. 这个消息让他非常激动。
20. 教授把这次机会放弃了。

练习三 02-2-3

1. 她很喜欢看爱情电影。
2. 我们已经打算结婚了。
3. 请告诉我您的护照号码。
4. 我觉得这条裙子很适合你。
5. 我去超市买些果汁。
6. 你别告诉他答案。
7. 他坐在沙发上看报纸。
8. 我们请他介绍中国文化。

9. 老师要我们写三遍。
10. 我保证按时完成任务。
11. 祝你们访问顺利。
12. 欢迎您再来。
13. 您愿意教我骑马吗？
14. 他喜欢去那儿理发。
15. 我们决定请律师解决。
16. 我告诉你一件重要的事情。

练习四　02-2-4

1. 妹妹在北京上大学。
2. 她坐在沙发上看电视。
3. 星期一我们要考试。
4. 他们打算明年结婚。
5. 明天我们不上课。
6. 同学们在超市进行了调查。
7. 这次会议在明年冬天举行。
8. 他在北京玩儿了很多地方。
9. 昨天我在超市买了很多东西。
10. 这是在机场商店买的。
11. 我刚才在电梯上遇到经理了。
12. 我是两年前开始学汉语的。
13. 我现在有点儿困了。
14. 学校下个星期放暑假。
15. 我们七点半在公司门口见。
16. 他现在不住在学校里了。

课后练习

一　02-2-5

1. 大家都很关心您的健康。
2. 我们必须想个好主意。
3. 我从大使馆把签证取回来了。
4. 我对北京的交通很熟悉。
5. 请你把空调关掉。
6. 中国把熊猫送给了日本。
7. 老师把地图挂在了墙上。
8. 她对中国文学很感兴趣。
9. 抽烟对身体没有好处。
10. 照相机被妹妹弄坏了。
11. 我们应该向你道歉。
12. 请告诉我您的电话号码，好吗？
13. 你不知道加油站禁止抽烟吗？
14. 我们请李教授给我们介绍中国文化。
15. 他们决定请律师帮忙。
16. 我妹妹在上海留学。
17. 昨天我在商店买了很多水果。
18. 我是两年前开始学习书法的。
19. 我们十二点半在学校门口见。
20. 这个消息让他非常激动。
21. 那位著名的演员深受观众的喜爱。
22. 她给我留下了很深的印象。
23. 这件事对中国历史有很深的影响。
24. 你来尝尝这个菜咸不咸。
25. 现在的交通越来越方便了。

二 02-2-6

1. 你们脚下的路还很长。
2. 每个人都有自己的优点和缺点。
3. 他大学毕业时才二十岁。
4. 爷爷说起话来幽默极了。
5. 他们正在商量买空调。
6. 京剧在中国一直很受欢迎。
7. 你在家休息几天吧。
8. 下午两点半在公司会议室开会。
9. 他最近在学校吃午饭。
10. 不要躺在床上看书。
11. 我从公司一直走回了家。
12. 老师要求我们穿白衬衫。
13. 打针比吃药效果好。
14. 我想试试这条裙子。
15. 请把这张表格打印两份。
16. 你应该对自己有信心。
17. 我孙子是去年9月8号出生的。
18. 我昨天在校门口遇到王老师了。
19. 她终于把房间收拾干净了。
20. 银行决定招聘一名高级主管。
21. 妹妹弹钢琴的声音把爷爷吵醒了。
22. 这首流行歌曲深受年轻人的喜爱。
23. 现在在网上买书的越来越多了。
24. 北京给我留下了很深的印象。
25. 你能看懂中文说明书吗？

“听后重复”重点句 *130* 句 02-2-7

以上我们用两课讲了 HSKK（中级）“听后重复”部分最重要的六个考点和难点，并且设计了从易到难、循序渐进的练习。需要说明的是，除了上述六项重点外，还有一些重点，如动词重叠、连词添加、语气词添加等等，由于篇幅和课时所限，就不一一列出。我们从附录的《中级口试表达常用语法项表》中提取了“听后重复”重点句 130 句并配了录音（每个句子后面空三秒），希望考生在平时利用录音反复跟读，举一反三，熟能生巧。

1. 我不是学生。
2. 他没去医院。
3. 你别去游泳了。
4. 我明天一定来。
5. 我们必须想个好主意。
6. 她很高兴。
7. 太好了！
8. 那里的天气非常热。
9. 我最喜欢喝咖啡。
10. 明天会更好。
11. 雨越下越大。
12. 这儿的西瓜特别甜。
13. 这些孩子多可爱呀！
14. 她唱得好极了！
15. 中国的大城市，我几乎都去过。
16. 我们都看见那个人了。
17. 他们一起去机场了。
18. 这些药一共 300 元。
19. 我只去过一次北京。
20. 八点时我们正在看电视。
21. 他已经到学校了。
22. 她下星期就回来了。
23. 我先说几句。
24. 他晚上 11 点才下班。
25. 他的成绩一直很好。
26. 她总是很忙。
27. 请安静，节目马上开始。
28. 我也有一块这样的手表。
29. 她还没起床。
30. 你的字写得真漂亮！
31. 考试终于结束了。
32. 这道题其实很容易。
33. 那样做当然不可以。
34. 欢迎再来！
35. 今天他又迟到了。
36. 最近他经常去爬山。
37. 因为下雨，所以他没去踢足球。
38. 他80岁了，但是身体一点儿毛病也没有。
39. 房子虽然旧了，但是很干净。
40. 她会说汉语，而且说得很好。
41. 咱们先吃饭，然后去看电影。
42. 如果大家都同意，就这样决定了。

43. 他一边上网看新闻，一边听音乐。
44. 给我打电话或者发电子邮件都可以。
45. 我们是打车还是坐地铁？
46. 我住在北京。
47. 她从中国回来了。
48. 他对我很好。
49. 我对中国文化很感兴趣。
50. 我比她高。
51. 图书馆向左走就到了。
52. 学校离我家很近。
53. 你跟我们一起去吧。
54. 不要为我担心。
55. 为了解决环境问题，人们想了很多办法。
56. 除了画画儿，她还喜欢跳舞。
57. 请把空调打开。
58. 我把画儿挂在了墙上。
59. 她给我留下了很深的印象。
60. 鱼被小猫吃了。
61. 关于这段历史，我知道得很少。
62. 我会做饭。
63. 你什么时候能来？
64. 现在你可以走了。
65. 我要学游泳。
66. 明天可能下雨。
67. 我们应该在周末开个会。
68. 你愿意和我结婚吗？
69. 你敢骑马吗？
70. 书是我哥哥的。
71. 这件衣服是最便宜的。
72. 那边打电话的是我丈夫。
73. 我买了一些吃的。
74. 你做得很对。
75. 她高兴地笑了。
76. 她去医院了。
77. 他是经理吗？
78. 你在哪儿呢？
79. 现在快 10 点了吧？快走吧。
80. 她笑着说：“明天见。”
81. 我买了一本书。
82. 我学过汉语。
83. 你去问问他。
84. 让我想一想。
85. 明天星期六。
86. 我认识他。
87. 今天天气很好。
88. 她不在饭店。
89. 他没去看电影。
90. 你别忘了带护照。
91. 这是你的手机吗？
92. 我喝咖啡，你呢？
93. 你是美国人吧？
94. 那个人是谁？
95. 这些水果，你要哪一种？
96. 你想去哪儿？
97. 你爱吃什么蔬菜？
98. 你们公司有多少人？
99. 你女儿几岁了？
100. 你怎么了？
101. 这本书怎么样？
102. 他为什么没来？
103. 从这儿到机场有多远？
104. 你喝不喝茶？

105. 你决定了没有？
106. 我们一起去，好吗？
107. 您要两张票，对吗？
108. 咱们中午吃面条儿，可以吗？
109. 你喝茶还是喝咖啡？
110. 别说话了。
111. 不要吃太多。
112. 中国有 56 个民族。
113. 我是昨天来的。
114. 这是在火车站买的。
115. 他是坐飞机来的。
116. 今天比昨天冷多了。
117. 他和我一样高。
118. 上海没有北京这么冷。
119. 我把衣服洗干净了。
120. 行李箱被司机拿走了。
121. 他每天骑车上班。
122. 桌子上放着一本书。
123. 小王叫我去他家玩儿。
124. 他们在吃饭呢。
125. 学生们正在打篮球。
126. 他买了两斤苹果。
127. 我看过这个电影。
128. 火车要开了。
129. 外面下着雨。
130. 图书馆的门开着呢。

第3课 看图说话（一）

HSKK（中级）从第二部分“看图说话”开始，正式进入直接测试考生口语表达能力阶段。从这部分起，HSKK（中级）将通过测试考生能否完成中级口头表达任务来判断考生的口头表达能力是否达到中级水平。

HSKK(中级）对应的大致是HSK笔试的三级、四级。根据《国际汉语能力标准》和《国际汉语教学通用课程大纲》，中级汉语口头表达能力主要包括以下几个方面：

三级	四级
• 能参与简短或例行的对话，讨论个人需求。	• 能在一般社交场合较自信地与他人交流，就常见话题进行交谈。
• 能和他人沟通，说出自己的需求或经历。	• 能参加小组讨论，就某件事情提出建议、给出理由、表达自己的观点或意见。
• 能简单描述个人或日常生活中常见的活动。	• 能就简单的日常活动安排做出指示。
• 能就日常说话中的一些事务给出简单的指示。	• 能简单描述或报告某件事情的经过或情况。
• 能简单描述某一状况，讲述简单的事件。	• 能使用基本的交际策略，表述基本清楚，且有一定的连贯性。
• 能使用重音、停顿、语调等手段来加强语气。	

对于上述口语能力项目，HSKK（中级）通过第二部分“看图说话”和第三部分“回答问题”来进行测试，但是两部分在测试任务上各有侧重。这一课我们先来看“看图说话”部分。

题型与特点

• 题型

HSKK（中级）的第二部分是看图说话，共两道题。这部分试题，是整个考试的第11和12题，试卷上给出两幅图片，要求考生看到图片后进行适当的准备，然后口头描述图片内容，并对所说的内容进行录音。例如考生在试卷上看到（大纲样题）：

第二部分

第11–12题：看图说话

11.（2分钟）

12.（2分钟）

同时，考生听到： 02-3-1

好，现在开始准备第11到14题，可以在试卷上写提纲，准备时间为10分钟。

10分钟后，考生听到： 02-3-2

准备时间结束。现在开始第11题。

然后，考生应该按照刚才的准备，根据录音提示，对第11题到14题依次做答。

● 特点

根据样卷和真题，我们可以发现，HSKK（中级）的“看图说话”部分考题有以下特点：

1. 图片都是日常生活场景(chǎngjǐng)。如，样卷第 11 题是一个送礼物的情境(qíngjìng)，第 12 题是一个叫出租汽车的情境。

2. 图片的场景都有一定的故事性。上述两个场景都有一定的延展故事的空间，这样可以区别出不同口语水平的学生。

3. 图片为使用汉语中特有的复杂句型、展示丰富词汇提供了空间。

考点与难点（一） 看图过程中的准备工作

• 说明

考生在正式开始做“看图说话”部分的第 11 题之前，有 10 分钟的准备时间，但是必须注意：这 10 分钟是用来准备“看图说话”的两道题和“回答问题”的两道题的**共同**时间，平均下来，每一题的准备时间只有两分钟左右。在这样短的时间里，观察图片、获得信息、完成表达前的构思，是非常有挑战性的工作，也是后面成功表达不可缺少的基础，非常重要。

• 常见错误

1. 不了解考题测试意图。

一些考生不清楚这部分内容的测试意图，准备时心中无数，不知如何下手，比较慌乱，没有章法(zhāngfǎ)，使表述比较随意，不能充分展示自己的口语水平。

2. 信息点不全面，忽略图片的重要细节。

只注意到图片上的某些内容，忽略了另外一些重要细节，如撑开的伞、看表的动作、焦急的神情等，使描述出现偏差。

3. 表述过于简单。

在准备时没有组织段落(duànluò)的意识，没有展开故事。只用一句话简单描述，如，对样卷第 11 题只描述为：“一个男的给一个女的送礼物。”对第 12 题只描述为：“她在打车呢。”

4. 不记录想到的要点。

准备时，不用笔记下自己想到的要点，因而表述时胸无成竹(xiōng wú chéng zhú)，造成表达不连贯。

应试策略与技巧

1. 了解“看图说话”的测试重点和目标，并牢记于心。

只有充分了解“看图说话”部分的测试目标和重点，考生才能有的放矢（yǒu dì fàng shǐ）地进行准备，最大限度地展示自己的口语表达能力。从我们在本课“题型与特点”中的分析可以发现，在本课开头第 61 页的表中所列的中级口语能力项目中，“看图说话”部分主要将以下几个方面作为测试考查重点：

1. 能否描述日常生活中较为复杂的事件（这是这部分测试的主要目标任务）；
2. 能否成段表达；
3. 能否使用三、四级大纲中的句式；
4. 能否使用三、四级大纲中较为丰富的词汇；
5. 表达是否连贯。

根据笔者多年从事口语测试的经验，虽然第 61 页的表中所列的能力项目有 10 余项之多，但其中三级所要求的几项能力，即：

- 能和他人沟通，说出自己的需求或经历
- 能简单描述个人或日常生活中常见的活动
- 能简单描述某一状况，讲述简单的事件

与四级所要求的一项能力，即：

- 能简单描述或报告某件事情的经过或情况

可以合并为一项大任务来测试，即：**对日常生活中较为复杂的事件进行描述**。而这部分试题所采用的“看图说话”形式，正好非常适合对此进行测试。因此我们看到样卷的两张图片中，提供的都是日常生活场景。

说到底，考生应该在考试之前明确知道，“看图说话”部分重点就是要考查考生**“能否对一个特别的日常生活片段进行描述，能否使用中级句型和词汇把它描述得连贯而清楚”**。考生应该把上述五点测试目标牢记在心，并按此目标进行提高和准备。

2. 仔细观察图片，获取重要信息点（xìnxīdiǎn），注意发现特殊细节。

通过看图片，要注意获取包括时间、地点、人物和事件在内的大量信息点。由于“看图说话”测试重点是对较为复杂事件的描述，因此，图片上一定包含一些特殊的细节。由于每道考题准备的时间只有两分钟左右，因此要求考生迅速从以下这些方面进行观察（见下面的图表），之后从大量信息点中提取出最重要的信息点。要特别注**意特殊细节**，有时候图片中还会出现一些小道具(dàojù)，如墙上挂着的钟、手里拿着的伞、腿上放着的笔记本电脑，这些都是深含暗示成分的重要细节，不可忽视。

一般信息点		最重要信息点
人物和身份： 是一个人还是多个人？是什么身份？ **人物间的关系：** 同学、家人、恋人、朋友、同事、师生、医生和病人、顾客和服务员等 **环境：** 家里、教室里、办公室里、街上等 **事件：** 图上的人在做什么？ **时间：** 早上、中午、晚上、深夜 **季节：** 春、夏、秋、冬 **节日 / 纪念日：** 生日、节日 **天气：** 晴天、雨天、刮风 **人物的神情：** 着急(zháojí)、轻松(qīngsōng)、吃惊(chījīng)、难过(nánguò)、惊喜(jīngxǐ) **道具：** 礼物、鲜花、手机、雨伞等	⇨	对描述事件和扩展故事有重要意义的信息点

例如，根据上表所列，我们对样卷第 11 题的图片进行观察，会发现图片中包括以下一些信息点，并可以提炼(tíliàn)出几个特别重要的信息点。

样卷第 11 题图片	一般信息点		最重要信息点
	**人物和身份：** 一对年轻男女 **人物间的关系：** 恋人 **事件：** 送礼物 **环境：** 室外 **时间：** 白天 **季节：** 夏天 **节日 / 纪念日：**（？）生日 **天气：** 晴天 **人物的神情：** 高兴、惊喜 **道具：** 礼物	⇨	**人物：** 一对年轻恋人 **事件：** 送礼物 **时节：** 生日 **人物的神情：** 高兴、惊喜 **道具：** 礼物

另一方面，如果图片上信息量不够丰富，要抓住最重要的方面，对不足成分进行适当的补充。例如下面这幅图片：

图片	一般信息点		最重要信息点
	**人物：**一个女子 **身份：**？ **事件：**喝水 **环境：**？ **时间：**？ **季节：**？ **节日 / 纪念日：**？ **天气：**？ **人物的神情：**？ **道具：**水杯、毛巾	⇨	**人物：**一个女子 **事件：**喝水 **环境：**健身房 **时间：**运动之后 **人物的神情：**热、渴 **道具：**水杯、毛巾

总之，只有获取了最有价值的重要信息点，才能为下一步的出色描述打下基础。因此，训练自己快速观察并提炼有价值的信息点非常重要。

练习一

仔细观察下面的图片，找出最重要的信息点。

1.

图片	一般信息点		最重要信息点
 （样卷第 12 题图片）	**人物和身份：** **事件：** **环境：** **时间：** **季节：** **节日 / 纪念日：** **天气：** **人物的神情：** **道具：**	⇨	

2.

图片	一般信息点
	人物和身份： 事件： 环境： 时间： 季节： 节日 / 纪念日： 天气： 人物的神情： 道具：

⇨

最重要信息点

kuàngjià

3. 关注特殊细节，补充相关情节，理出完整的故事框架。

一般来说，要描述一件事情，要具备“时间”“地点”“人物”“事情的起因”“经过”“结果”等几大要素。

在已经获得重要的信息点后，考生应该根据图片上的情境构思故事框架。由于“看图说话”的重要任务是对日常生活中较为复杂的事件进行描述，因此考生不应只对图片做简单描述，而应抓住图片上重要的特殊细节，对与图片相关的情节进行想象补充，将故事展开，理出比较完整的故事框架。

例如，对于下面这张图片：

考生不应只简单地描述为“图片上有一个人在喝水”，而应抓住“渴”这个特殊细节，对喝水之前可能发生的事情进行补充，如“天气很热”“工作了很长时间后”“运动了两个小时之后”等等。对于喝水之后，也要补充“感觉好多了”或者“还觉得渴”之类。因此，这张图片大概的故事框架如下：

最重要信息点	描述核心	故事框架
人物：一个女子 **事件**：喝水 **环境**：健身房 **时间**：运动之后 **人物的神情**：热、渴 **道具**：水杯、毛巾	渴	前　今天下班后，我去健身房运动了两个小时，我很热，也很渴。 画面　我用毛巾擦了一下汗，又喝了一大杯水。 后　我感觉好多了。

同样，对于样卷第11题的图片，考生不能简单描述“男朋友送给女朋友一个礼物”，而应该抓住“惊喜”这个特殊细节，对以下内容进行补充：送礼物的原因“女朋友过生日”“认识一年”“表示道歉”等；送礼物之前的情况“女朋友正坐在花园里喝茶”“男朋友走过来”等；送礼物之后的情况“惊喜地叫起来”“想起了今天是她的生日”等等。样卷第11题图片及大概的故事框架如下：

最重要信息点	描述核心	故事框架
人物：一对年轻恋人 **事件**：送礼物 **节日 / 纪念日**：生日 **人物的神情**：高兴、惊喜 **道具**：礼物	惊喜	前　女孩儿在花园里喝茶，女孩儿的男朋友走过来。 画面　女孩儿的男朋友拿出来一个礼物送给女孩子，说：“生日快乐！”女孩子看到礼物非常惊喜。 后　女孩儿说：“谢谢你，我很喜欢。”

4. 充分利用准备时间，在试卷上做简要记录。

每题平均只有两分钟左右的准备时间，当大概构思设计好之后，应该在试题的空白处简要写出提示词语，为后期连贯表达提供方便。

练习二

仔细观察下面的图片，根据信息点确定描述核心，说出故事的框架。

1.

图片	信息点、描述核心	故事框架

2.

图片	信息点、描述核心	故事框架

本课小结

- **主要考点难点：**看图过程中的准备工作
- **考生常犯错误：**

1．不了解“看图说话”考题的测试意图。
2．信息点不全面，忽略图片的重要细节。
3．表述过于简单。
4．不记录想到的要点。

• 应试策略与技巧：

1. 了解“看图说话”的测试重点和目标，并牢记于心。
2. 仔细观察图片，获取重要信息点，注意发现特殊细节。
3. 关注特殊细节，补充相关情节，理出完整的故事框架。
4. 充分利用准备时间，在试卷上做简要记录。

课后练习

仔细观察下面的图片，根据信息点确定描述核心，说出故事的框架。

1.

图片	信息点、描述核心	故事框架

2.

图片	信息点、描述核心	故事框架

►►► 第 3 课练习参考表达

练习一

1.

图片	一般信息点
	人物和身份： 事件： 环境： 时间： 季节： 节日 / 纪念日： 天气： 人物的神情： 道具：

⇨

最重要信息点
人物和身份：女职员 事件：叫出租车 时间：白天 天气：下雨 人物的神情：着急 道具：雨伞

2.

图片	一般信息点
	人物和身份： 事件： 环境： 时间： 季节： 节日 / 纪念日： 天气： 人物的神情： 道具：

⇨

最重要信息点
人物和身份：朋友 事件：过生日 时间：晚上 节日 / 纪念日：生日 人物的神情：开心 道具：生日蛋糕

练习二

1.

图片	信息点、描述核心	故事框架
	**人物：**一对母女 **事件：**送花儿 **节日/纪念日：**母亲节 **人物的神情：**高兴、惊喜 **道具：**花儿 **描述核心：**爱	前　今天是母亲节，女儿给妈妈买了一束花儿。 画面　女儿把花儿送给妈妈，在妈妈的脸上亲了一下，轻轻说："妈妈，母亲节快乐！我爱您！" 后　妈妈幸福地笑了。

2.

图片	信息点、描述核心	故事框架
	**人物：**一对朋友 **事件：**安慰 **环境：**酒吧 **人物的神情：**不开心、鼓励 **道具：**两杯啤酒 **描述核心：**友谊	前　汤姆今天输球了，非常不开心。 画面　他的朋友杰克和他一起来到酒吧，他们每人要了一杯啤酒。汤姆一直闷闷不乐，杰克拍拍他的肩，说："高兴一点儿，还有下一次。" 后　难过的时候，朋友很重要。

课后练习

1.

图片	信息点、描述核心	故事框架
	**人物：**一个女职员 **事件：**边吃饭边用电脑 **环境：**办公楼外 **人物的神情：**专注 **道具：**面包、电脑 **描述核心：**努力	前　今天下午我要做一个报告。 画面　我的文件还没有准备好。中午，我买了一杯可乐、一个面包，在办公楼外边，一边吃面包，一边在电脑上修改我的文件。 后　终于弄完了。

2.

图片	信息点、描述核心	故事框架
	**人物：**一对母女 **事件：**生病 **环境：**家里 **人物的神情：**着急、担心 **道具：**体温表、电话 **描述核心：**着急	前　早上起来，女儿觉得不舒服。 画面　妈妈让她躺在床上休息，给她量了体温，发现是三十八度五度，发烧了。妈妈着急地给学校打了电话，为女儿请假。 后　今天女儿得在家里休息了。

第4课 看图说话（二）

考点与难点（二） 具体表达

• 说明

在第3课仔细观察图片细节，获取信息点，提取重要信息，并通过对相关情节的补充和想象构思出大致的故事框架等前期准备工作的基础上，本课我们接着分析和讲解如何将构思好的框架用最合适的方式表达出来。

• 常见错误

1. 事件描述不完整，缺乏重要要素。

表述时比较随意，描述中缺乏时间或地点等重要要素，描述过于简单，不能充分展示自己的口语水平。

2. 表述支离破碎，不能形成段落。

准备时没有组织段落的意识，表述时断断续续，只有单句，不能很好地使用连接词语或复句，无法形成完整的段落，给人以表达不连贯的印象。

3. 句式单调。

表述中全部使用简单单句，不能使用中级语法功能项目中像“把”字句、“被”字句、兼语句等较复杂的句型，也不能在句中自然地使用“就”“也”“才”等虚词，给人以句式单调的印象。

4. 词汇贫乏（pínfá）。

表述中所使用的词汇非常有限，大部分是初级词，如不会用“惊喜”“兴奋”等词语，全部用“高兴”代替，给人以词汇贫乏的印象。

• 应试策略与技巧

1. 按“时间、地点、人物、事情的起因、经过、结果”六要素完整叙述事件。

“时间”“地点”“人物”“事情的起因”“事情的经过”和“事情的结果”是描述一个事件的六要素，这些要素一般都可以从图片所包含的信息点中获取，在前期准备中一般都已经获得，并形成了故事框架。但是在实际表述时，仍然要按照顺序，逐一完善并叙述出来，这样才可以使描述条理清晰，段落完整。具体表述时，应注意以下六个方面：

时间

确定某一特定时间。根据图片，确定一个和图片情境相符的时间，如“昨天、星期天、下午、昨天晚上、今天早上”等，便于叙述。

地点

确定某一便于展开事件的地点。根据图片情境，可以确定“回家的路上、上班的路上、教室里、办公室里”等地点。

人物

图 1
（样卷第 11 题图片）

确定人物可以有几种方法：

（1）**用第一人称展开。**如果图片上的人物和考生性别一致，可以直接用第一人称展开故事。如，左图 1 中，考生可以直接选择和自己性别一致的一个角色开始叙述。如果考生是男性，可以说“今天是我女朋友的生日，我给她买了一个礼物……”；如果考生是女性，则可以说“今天是我的生日，下午我在花园里看书，我的男朋友走过来……”。

（2）**给主要人物取一个名字，其他人物围绕主要人物关系展开。**如，左图 1 中，可以给女的取名叫“小华”，那么对男的，叙述时就可以称“小华的男朋友”“她的男朋友”，这样方便展开叙述。不然的话，由于汉语中“他”和“她”同音，在叙述中频繁出现“他 / 她”，很容易混淆（hùnxiáo）不清。而如果用“男朋友”“女朋友”来叙述的话，就会造成讲述角度不断变化，陷入混乱。另外，图片上人物较多时，不建议取很多名字，因为很容易在叙述中出现表述不清楚的现象。

事情的起因

图 2
（样卷第 12 题图片）

确定简洁而合理的起因。补充事情的起因是使事件完整的重要手段，考生应该根据图片的信息合理推测，用简洁的语句说明事情的起因。不要忽略起因，也不要说得太多，以免喧宾夺主（xuān bīn duó zhǔ）。如，左图 2 中，可以用“起晚了，误了班车，只好打车去上班”“下雨了，有急事”等说明打车的原因。这一点第 3 课已经详细说明过，这里不再重复。

事情的经过

表述要准确、生动，不能一带而过（yí dài ér guò）。这是整个表述中最重要、最核心的部分，也是画面上展现的内容，考生要抓住细节，生动地描述出来。如，上页图1中，应该有“男朋友问她‘你猜我给你买了什么？’，一边说着，一边突然从身后拿出一个礼物，她惊喜地叫起来”等细节描写。同样，图2中，也应该有“她打着伞着急地站在雨中，可是每一辆车都不是空的……”。

事情的结果

补充简洁而合理的结果。补充事情的结果同样是使事件完整的重要一步，考生应该根据图片的信息合理推测，简要说明事情的结果。这一点上一课也已经详细分析过，这里也不再重复。

2. 在各要素都确定的情况下，可以按照下面的格式有条理（yǒu tiáolǐ）**地叙述：**

时间（天气情况等）→ 事情的起因 → 事情的进行 → 事情的结果

（事情的起因：简要；事情的进行：人物、地点等；事情的结果：简要）

练习一

仔细观察下面的图片，确定描述的六要素，并试着进行描述，特别注意人物叙述的角度和对细节的描述。

1.

图片	六大要素　参考表达 02-4-01
	时间： 地点： 人物： 事情的起因： 事情的经过： 事情的结果：

2.

图片	六大要素　参考表达 02-4-02
	时间： 地点： 人物： 事情的起因： 事情的经过： 事情的结果：

3. 使用多种方法，形成完整段落。

能否成段表达，是口语中区分初级和中、高级的重要标尺，因此，在故事框架和叙述的六要素具备之后，要有充分的段落意识，通过恰当的方式，把一个个单句连接起来，形成完整的段落。

一般来说，形成段落可以通过以下手段：

（1）合理使用代词或承上省略主语。

用合适的代词替代前面提到的名词，或者承接前面句子的主语而去掉后句相同的主语，可以使两个单句连接在一起，形成小段落。如果考生在说话当中不懂得使用这些手段，反复出现相同主语并列的小句，就会给人留下不能成段的印象。请看下面两段话的差别：

> 今天下午，天气很热，田老师上了两节课，田老师非常渴。田老师在办公室喝了一瓶矿泉水，田老师感觉好多了。
>
> A

> 今天下午，天气很热，田老师上了两节课，非常渴。她在办公室喝了一瓶矿泉水，感觉好多了。
>
> B

上面两段话虽然意思差不多，但是A段用了四次“田老师”，全部都是单句；而B段则承上省略了两个主语，并且使用了“她”来指代“田老师”。不难发现，B段是较自然的语段，A段则是简单单句的堆砌。

（2）使用具有连接功能的结构和虚词。

一些结构或虚词，具有很强的连接功能，可以帮助构成语段。例如，以下一些中级阶段应该掌握的结构，在描述一个具体情境中常常起连接作用：

结构	举例
S_1 正在（正）……（的时候），S_2……	（1）小华正在花园里看书（的时候），她的男朋友走过来。 （2）我正要出门的时候，电话铃响了。
V_1……又 V_2……	我买了一个面包，又买了一瓶水。
……以后，……	我吃了药以后，感觉舒服多了。
V_1 了……就 V_2……	他下了班就去医院了。
V_1 着 V_2	（1）他笑着对我说："生日快乐！" （2）他拿着一个盒子走过来。

（3）使用合适的复句。

复句是形成段落的重要手段。了解各种复句的用法，并合理使用，往往会使表述更有逻辑性，也更加完整。下面我们对中级阶段的汉语复句类型做了简要的整理：

复句类型	格式	说明	例句
并列关系	一边 V_1 一边 V_2	表示两个动作同时进行	一边看书一边听音乐
	又……又…… 既……又……	表示两种状态同时存在	又唱又跳　既美观又经济
承接关系	先 V_1，然后 V_2 一 V_1 就 V_2 先 V_1 再 V_2 先 V_1 又 V_2 ……于是……	表示动作或事态的前后顺序。"再"一般用于未完成，"又"用于完成	（1）他先吃了早饭，然后去上班。 （2）他先给小王打了电话，然后又通知了我。 （3）今天先学生词再学课文。
递进关系	A 不但……而且（也 / 还）……	前后句是递进关系	他不但聪明，而且还很勤奋。
选择关系	是……还是……	选择性疑问	他是湖南人还是河南人？
	不是…… 就是……	提供两种可能	弟弟星期天不是在家睡觉，就是去找朋友玩儿。

练习二

使用合适的方式，把下面的话组织成更好的语段。

1.

我叫方汉龙，我是从美国来的，我的家乡是在新墨西哥，可是在华盛顿上大学。我的专业是东亚和美国历史，我是三年级的学生。我非常喜欢我的大学，人很好地方很好。

⇨

参考表达 02-4-03

2.

这个周末我打算跟朋友一块儿去滑雪，他们决定延期(yánqī)去到下个星期六。我跟同学们和语言伙伴一起去看北京的景点：天安门，故宫，天坛(Tiāntán)。我去过这些地方，可是我们的导游很好，我觉得很有意思，我学了新的信息。我特别喜欢天坛的回音壁(huíyīnbì)，上次去天坛那个地方有施工(shīgōng)，所以不能看。

⇨

参考表达 02-4-04

4. 按照情境，有意识地使用一到两个中高级阶段的特殊句型。

在整个表述过程中，如果考生能够使用一些较复杂的特殊句型，这将往往成为表达的亮点(liàngdiǎn)，也会给人一种考生已经达到中高级水平的强烈印象。而如果全篇都是简单句型，就会让人对考生的口语水平评价不高。因此在完整表述的基础上，还要根据情境，有意识地使用至少一个复杂的特殊句型。

中级阶段的特殊句型主要包括：

中级阶段特殊句型	例句
存现句	墙上挂着一张地图。
“比”字句	他的汉语比我好多了。
双宾语句	玛丽给了我两本书。
连动句	我坐地铁上班。
兼语句	我想请王老师看京剧。
是……的	我是 1989 年出生的。
先……，再……	你先写作业，然后再看电视。
因为……，所以……	因为下雨，所以很难打到出租车。
如果……，就……	如果爸爸要游泳，我就跟他一起去。
不但……，而且……	当时，我不但很着急，而且很生气。
虽然……，但是……	虽然失败了，但是还有希望。

除此之外，使用一两个汉语特有的句型句式，往往也会给人留下深刻印象。这里我们想重点讲解两个句型，即“把”字句和“给”字句。

- **“把”字句**

“把”字句是汉语特有的句型，是否会使用“把”字句，往往被看作区分初级和中、高级水平的重要标尺（biāochǐ）。因此考生学会“把”字句，并有意识地在表述中加入“把”字句，一定会为口试成绩加分。

“把”字句的用法

基本格式	A 把 B+VP	妈妈（A）把孩子（B）骂哭（VP）了。
语法意义	表示 A 对 B 的处置和致使结果。	
要点说明	1. B 是有定的。 2. VP这个动词短语包含两个方面的内容：A做的动作；B受到了影响。比如“骂哭”这个动词短语中，“骂”是 A“妈妈”的动作，“哭”是 B“孩子”受到的影响。	

常见格式	A 把 B+V+ 补语	他把牛奶喝完了。
	A 把 B+V 得 + 补语	孩子把房间弄得乱七八糟的。
	A 把 B+V 成 C	他们把公司看成自己的家。
	A 把 B+V 到 C（处所）	老师把地球仪放到桌子上了。

● **“给”字句**

“给”字句是使简单句复杂化的重要手段之一，通过使用“给”字句，不但可以使单句变长，而且会使句中的各种关系更加清晰。

“给”字句的用法

基本格式	A 给 B+V	（1）我给她写了一封信。 A 我 B 她 V 写了一封信 （2）王芳给教授当翻译。 A 王芳 B 教授 V 当翻译 （3）这次大风给城市造成了严重的损失。 A 这次大风 B 城市 V 造成了严重的损失
语法意义	表示 A 做的事情让 B 受益或受害。	
要点说明	1. V 部分常常是动词结构。 2. 动作 V 由 A 发出。 3. B 是 V 的接受者、受益者或受害者。如，例（1）B“她”是“信”的接受者，例（2）B“教授”是“当翻译”的受益者，例（3）B“城市”是“造成了严重的损失”的受害者。	
常见格式	A 给 B 打电话 / 写信 / 发邮件	我给老师发了一封电子邮件。
	A 给 B 买……	男朋友给我买了一个皮包。
	A 给 B 留下了深刻的印象	这件事给我留下了深刻的印象。
	A 给 B 介绍 / 说明 / 解释……	我给你介绍一下我家乡（jiāxiāng）的气候。

5. 尽量使用丰富的词汇。

在完整讲述事情的基础上，一定要有意识地使用一些较高级别的词汇甚至成语。例如，在描写天气时，不要只用简单的“天气很好”“下着小雨”或“雨很大”，而要使用“风和日丽（fēng hé rì lì）、秋高气爽（qiū gāo qì shuǎng）、大雨倾盆（dà yǔ qīngpén）、淅淅沥沥（xīxīlìlì）”等词语；描述人的心情和神态时，也可用“喜出望外（xǐ chū wàng wài）、眉开眼笑（méi kāi yǎn xiào）、怒气冲冲（nùqì chōngchōng）、没精打采（méi jīng dǎ cǎi）、气喘吁吁（qì chuǎn xūxū）”等词语。这样做必然会给口试加分。新 HSK 大纲的四级 1200 词属于口试中级阶段词汇，应该全面复习，平时应多多练习，在考试时选择使用。

练习三

按要求看图说话。

1. 使用“把”字句和“给”字句看图说话。

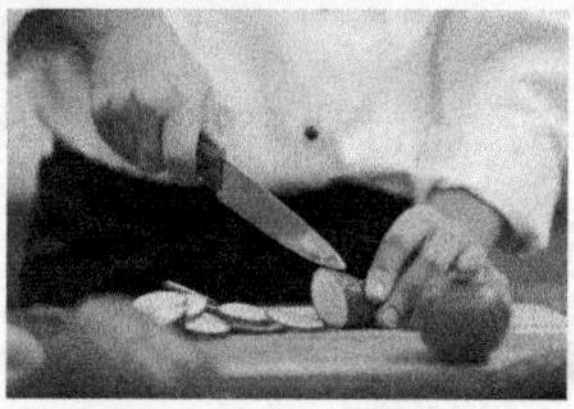

（1）　参考表达 02-4-05

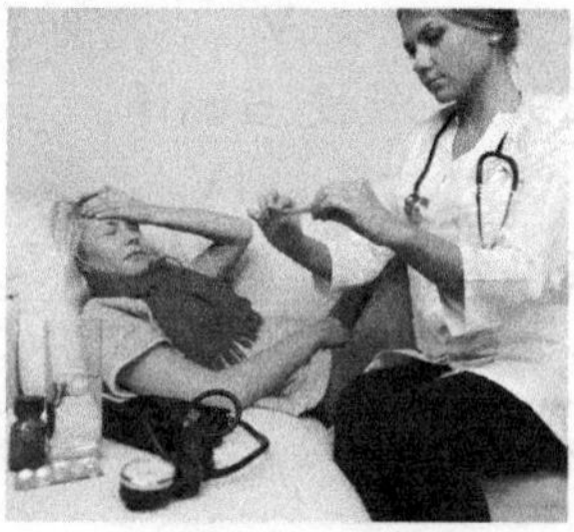

（2）　参考表达 02-4-06 / 01-3

2. 选择合适的词语来描述下面的图片。

风和日丽　　xīn jí rú fén 心急如焚　　chuí tóu sàng qì 垂头丧气

（1）　参考表达 02-4-07 / 01-4

（2）　参考表达 02-4-08 / 第三课练习二 -2

（3） 参考表达 02-4-09

本课小结

- **主要考点难点：**具体表达
- **考生常见错误：**
  1. 事件描述不完整，缺乏重要要素。
  2. 表述支离破碎，不能形成段落。
  3. 句式单调。
  4. 词汇贫乏。
- **应试策略与技巧：**
  1. 按“时间、地点、人物、事情的起因、经过、结果”六要素完整叙述事件。
  2. 在各要素都确定的情况下，可以按照所教格式有条理地叙述。
  3. 使用多种方法，形成完整段落。
  4. 按照情境，有意识地使用一到两个中高级阶段的特殊句型。
  5. 尽量使用丰富的词汇。

课后练习

使用丰富的词汇和句式看图说话。

（1） 参考表达 02-4-10

（2）

参考表达 *02-4-11*

►►► 第 4 课练习参考表达

练习一

1.

图片	六大要素	参考表达 02-4-01
	时间：下班后 地点：公司楼下 人物：我 事情的起因：和朋友约好去吃饭 事情的经过：在雨中等了很长时间 事情的结果：不知道他出了什么事情	昨天我和朋友小王约好一起吃饭。下班后，我在公司楼下等他。天下着雨，我打着伞等了很久，他也没来。我不断地看表，心里很着急，不知道他出了什么事情。

2.

图片	六大要素	参考表达 02-4-02
	时间：下午 地点：家门口 人物：我和朋友 事情的起因：我的生日 事情的经过：朋友给我礼物 事情的结果：非常开心	今天是我的生日。下午三点，我正在家看电视，突然听见有人敲门，一开门，看到来人是我好久不见的朋友小丽，我喜出望外。她给我买了一个精美（jīngměi）的礼物，她一边把礼物给我，一边说："祝你生日快乐！"我们亲热地拥抱在一起，开心极了。

练习二

1.

我叫方汉龙，我是从美国来的，我的家乡是在新墨西哥，可是在华盛顿上大学。我的专业是东亚和美国历史，我是三年级的学生。我非常喜欢我的大学，人很好地方很好。

⇨

我叫方汉龙，是从美国来的，我的家乡在新墨西哥，可是我在华盛顿上大学。我的专业是东亚和美国历史，现在是三年级的学生。我非常喜欢我的大学，因为这里人很好，地方也很好。

02-4-03

2.

这个周末我打算跟朋友一块儿去滑雪，他们决定延期去到下个星期六。我跟同学们和语言伙伴一起去看北京的景点：天安门，故宫，天坛。我去过这些地方，可是我们的导游很好，我觉得很有意思，我学了新的信息。我特别喜欢天坛的回音壁，上次去天坛那个地方有施工，所以不能看。

⇨

这个周末我本来打算跟朋友一块儿去滑雪，可是朋友们决定延期到下个星期六去。于是，我跟同学和语言伙伴一起去看北京的景点：天安门、故宫、天坛。我以前去过这些地方，可是这一次我们的导游很好，给我们介绍了很多新信息，所以我觉得很有意思。我特别喜欢天坛的回音壁，上次去天坛，那个地方正施工，所以没看成。

02-4-04

练习三

1.

（1）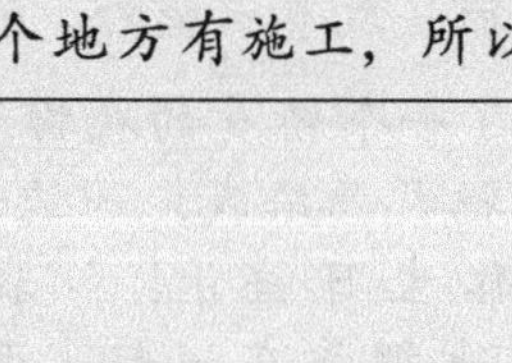

02-4-05

今天是星期日，妈妈出差了，不在家，爸爸下厨房做饭。他准备给我们俩做蔬菜沙拉和面条。

爸爸先把黄瓜和西红柿洗好，然后开始切菜。他先用刀把黄瓜切成薄（báo）片，然后把西红柿切成小块儿。

爸爸切得很认真很整齐，想不到爸爸还有这一手(yì shǒu)！

一会儿，面条也做好了。吃着热乎乎(rèhūhū)的面条、爽口(shuǎngkǒu)的沙拉，我直夸爸爸说：“又简单又有营养，味道也不错，一点儿也不比妈妈做得差。谢谢爸爸！”爸爸听了，高兴得嘴都合不上了。

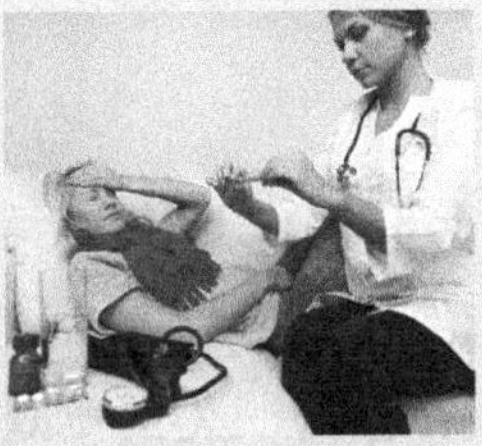

（2）

02-4-06

我妈妈今天早上生病了，起不了床。我叫来医生给她看病。医生问她哪儿不舒服，妈妈把手放在头上，说头很热，可能发烧了。医生先给妈妈量了体温，三十八度五，真的发烧了。医生还给她量(liáng)了血压(xuèyā)，最后给妈妈开了药，让她多喝水，按时吃药，好好休息。

我要照顾好妈妈，让她尽快好起来。

2.

（1）

02-4-07

小王是一家公司的部门经理，公司每天早上 9 点上班。今天早上，小王一睁眼，已经 8 点半了。小王急忙穿上西装，提起笔记本电脑跑出了家门。

他一路上心急如焚，边看手表边向公司大楼跑。差 1 分 9 点，小王到了办公室，他长长地舒了口气。

（2）

02-4-08

（也可参考第 72 页第 3 课练习二第 2 题的故事框架）

杰克是我的好朋友，最近遇上麻烦了——他的女朋友提出跟她分手。他们在一起三年了，杰克心里很难受。我约他到酒吧坐坐，聊聊天儿。

酒吧里，我们每人要了一杯啤酒。杰克一直垂头丧气，没有精神。我拍着他的肩劝他看开点儿，因为一切都会过去的。

最后，杰克终于想通了。他感谢我对他的帮助。看着乐观开朗的杰克又回来了，我真为他高兴。

（3）

02-4-09

丽丽是个爱运动的阳光女孩儿。她今年上大学一年级。每天早上，在学校旁边的公园里都可以看到她跑步锻炼的身影。

今天是个好天气，风和日丽。早上六点，丽丽就起床了。公园里还没几个人，空气特别新鲜。丽丽穿着短衣短裤，迈(mài)着轻松的步子开始跑步。看，她的身体锻炼得多棒！

美好的一天又开始了。

课后练习

（1）

02-4-10

今天，好朋友玛丽从美国来看我。久别重逢，我们两人都很高兴。我们坐在客厅的沙发上聊天儿。后来，我拿出照相机说“我们拍个照吧”，玛丽高兴地表示同意。我把相机伸远对着我们俩，两个人笑着靠在一起拍了一张照片。看，拍得怎么样？这照片会成为一个美好的纪念。

（2）

02-4-11

最近，我搬新家了。那天，家具店送来了新家具，装在纸箱子里。我和男朋友把箱子打开，先把床靠着墙立起来，然后一起坐在地上，一边研究说明书，一边一点一点地把其他家具组装(zǔzhuāng)起来。地上堆满了箱子和木板。这个工作虽然不容易，可是充满了乐趣。

第5课 回答问题（一）

HSKK（中级）第二部分“看图说话”主要测试考生描述较复杂的日常生活事件的能力，第三部分“回答问题”则在“看图说话”的基础上进一步测试考生其他方面的口头表达能力。具体来说，这部分试题所要考查的内容主要包括《国际汉语能力标准》和《国际汉语教学通用课程大纲》中的以下项目：

1. 能在一般社交场合就常见话题进行交谈。
2. 能简单描述个人或日常生活中常见的活动。
3. 能就某件事情提出建议、给出理由、表达自己的观点或意见。
4. 能就简单的日常活动安排做出表述。
5. 能简单描述或报告某件事情的经过或情况。
6. 能简单比较两个事物的不同。
7. 能使用基本的交际策略（cèlüè），表述基本清楚，且有一定的连贯性。

题型与特点

● 题型

HSKK（中级）的第三部分是回答问题，共两道题。这部分试题是整个考试的第13和14题，试卷上给出两个问题（汉字上标有拼音），要求考生在进行适当的准备后口头回答，并将所说的内容进行录音。例如考生在试卷上看到（大纲样题）：

第三部分

第13–14题：回答问题

Zhōumò nǐ yìbān shì zěnme ānpái de?
13. 周末你一般是怎么安排的？（2分钟）

Fùqīn huò mǔqīn guò shēngrì shí, nǐ xiǎng sòng tā tā shénme lǐwù?
14. 父亲或母亲过生日时，你想送他（她）什么礼物？（2分钟）

注意 在第一部分“听后重复”结束后，录音中说明，第二部分和第三部分一共有 10 分钟的准备时间。因此考生需要知道，第二部分结束后，第三部分马上开始回答，不再有单独的准备时间。

• 特点

根据上面的样题，参考真题，我们发现 HSKK（中级）的“回答问题”部分考题有以下特点：

1. 问题都是与考生日常生活相关的话题。

如样卷第 13 题谈论周末安排，第 14 题谈论给父母送礼物，都是一般社交场合的常见话题，而且都比较具体，没有很多抽象的内容，这一点不同于高级口试。

2. 问题的指向（zhǐxiàng）都是中级口语的测试项目。

对照考查能力项目表对样题及真题进行分析，不难发现，第 13 和第 14 题都在测试考生对于中级交际项目的完成情况。样卷第 13 题测试的是项目表中所列的第 2 项，即“能简单描述个人或日常生活中常见的活动”；第 14 题测试的是项目表中所列的第 3 项，即“能就某件事情提出建议、给出理由、表达自己的观点或意见”。

3. 考生的成段表达能力仍是测试重点。

我们在前面几课中曾多次提到，“能否成段表达”是中级口语测试的一个重要观察点，因此在“回答问题”部分，成段表达仍是重要的考查方面。分析样题，可以发现：第 13 题谈论周末安排，是考查考生能否有条理地组织段落；第 14 题谈论给父母送礼物并询问原因，是考查考生能否有逻辑地组织段落。

4. 考题为考生展示丰富的词汇和语法提供了空间。

由于没有图片等的限制，问题更具有开放性，为考生充分展示自己的语言水平提供了空间。

总体应试策略

在展开具体考点和难点前，我们先对这个部分的宏观应试策略做一个梳理。通过上面对题型特点和测试任务的分析，建议“回答问题”部分的总体应试思路如下：

1. 提取重要的交际任务。

从中级能力标准中提取出具体而典型的口语交际任务，然后将最适合采用“回答问题”题型的交际任务作为准备重点。中级阶段重要的交际任务主要包括：

1. 描述一个人。（如介绍自己的朋友或同事）
2. 描述简单的日常活动安排。（如介绍周末计划或假期计划）
3. 谈论个人日常生活或工作。（如谈论个人的饮食习惯或工作）
4. 就某件事提出建议、给出理由、表达自己的观点或意见。
5. 能简单比较两个事物的不同。
6. 描述或报告某件事情的经过或情况。

2. 学习掌握某项任务的一般框架。

通过学习和模仿本书的参考表达，掌握某一任务的标准框架，口试时根据情况做相应的调整（tiáozhěng），迅速完成段落的准备工作。

3. 熟悉和某一框架相对应的常用句型和词汇。

4. 加入一到两个较复杂的特殊句型和一些中高级阶段的词语。

考点与难点（一）　描述一个人

• 说明

“描述”是中级阶段重要的任务之一，其中“描述一个人”更是非常适合“回答问题”题型的项目，应重点学习掌握。

一般来说，“描述一个人”一类的题目会要求考生：

——介绍你的一个朋友
——介绍你的一个同事
——介绍你的一个老师
——谈谈你的父母

• 常见错误

1. 表述过于简单。

考生只用几个句子介绍了一些一般信息，没有突出所介绍的人的特点，人物形象不完整。如，考生在介绍自己的朋友时，如果只说：

我的好朋友叫苏珊，她今年21岁，她是大学生，我们是好朋友。

这样介绍就过于简单了，应该补充朋友的爱好、性格等，才能显示出自己较高的汉语水平。

2. 条理不清楚。

考生介绍某个人时，由于心中没有一种标准格式（géshì），缺乏清晰（qīngxī）的脉络（màiluò），将不同的方面混杂在一起，给人以思路不清楚的印象。

3. 没有段落意识。

缺乏连接词语，表达的句子都是单句，形不成语段。

4. 不能使用较难的词汇和句型。

用词简单、句型单调，不能充分展示自己的语言水平。

• 应试策略与技巧

1. 了解基本框架，掌握基本句型。

描述人的基本框架

基本框架		说明
基本情况	名字、性别等 身份 和我的关系	•开头一般用“我来介绍我的一个朋友，他叫……”或者“我有一个朋友，他叫……”开始，要自然、简洁，不要用人物的名字开始，否则会让人感觉很突然。 •身份和人物关系，可以改变顺序。
具体描述	外貌（wàimào） 性格 爱好	•“外貌—性格—爱好和习惯”是一般顺序，“性格”“爱好”等项目可以改变顺序。 •描写外貌建议用“长得……”这种地道的汉语表达法。
结尾	突出特点 收尾	•用细节突出人物特点，给人留下深刻的印象。 •不要突然结尾，要用总结等方式收尾。

描述人的基本句型

基本框架	相关句式
基本情况：名字、性别等	（1）我来介绍我的一个……，他（她）的名字叫……（通过名字说明性别）。 （2）我有一个……，他（她）……。 （3）她是一个女孩子 / 女同学。（不要说：* 她是一个女人。）
基本情况：身份	（4）他（她）现在是……（身份）。 （5）他（她）在……工作 / 上学。
基本情况：和我的关系	（6）他（她）是我的……。 （7）我们是……认识的。 （8）我们认识已经……年了。
具体描述：外貌	（9）他（她）长得很……。
具体描述：性格	（10）他（她）的性格很……。
具体描述：爱好	（11）他很喜欢（动宾短语）。 （12）他常常……。 （13）他对……特别感兴趣。
结尾：突出特点、收尾	（14）他最大的特点是……。 （15）他给我印象最深的是……。（可加分的复杂句型） （16）他对我的……有很大的影响。（可加分的复杂句型） （17）和她在一起，我总是很……。

2. 学习参考表达，掌握基本格式。

参考表达 1 02-5-1

我最喜爱和羡慕（xiànmù）的人是刘易斯，他是我心中的偶像（ǒuxiàng），他是美国人，是世界著名的田径（tiánjìng）运动员。他身高一米八八，长得肩宽腿长，非常健美。他随便一跑就是十秒以内，随便一跳就在八米开外，而且在最重要的比赛中，他的动作也是那么潇洒（xiāosǎ）。他把运动变成了一种艺术，看他的比赛，对我来说是一种很好的享受。

参考表达 2 02-5-2

我最好的朋友叫苏珊，她今年 21 岁，住在洛杉矶。她是我的大学同学，我们有许多共同的爱好，比方说，我们都喜欢爬山，都喜欢打篮球。但是我们的性格不太一样，我很安静，她很活泼。苏珊很幽默（yōumò），常常开玩笑，跟她在一起，我总是很快乐。

描述一个人的参考表达格式

> 我有一个……，他（她）的名字叫……（通过名字说明性别），今年……岁，现在是……（身份），我们认识已经……年，他（她）是我……（关系）。他（她）长得很……，性格很……。他（她）平时很喜欢……，我们常常一起……。他（她）最大的特点是……，常常……。跟他（她）在一起，我总是……。

3. 学习掌握丰富的词汇，努力形成自己的风格。

在掌握基本格式之后，应该进一步提高词汇量，讲述时努力表现出自己的风格。下面列出的这些描写人的词语，会使你的表述更加丰满（fēngmǎn）。

描写人的词语

名　词： 脾气（píqi）、缺点（quēdiǎn）、优点（yōudiǎn）、知己（zhījǐ）、知音（zhīyīn）

形容词（外貌）： 健壮（jiànzhuàng）、美丽（měilì）、苗条（miáotiao）、年轻（niánqīng）、漂亮（piàoliang）、强壮（qiángzhuàng）、瘦（shòu）、帅（shuài）

形容词（性格）： 成熟（chéngshú）、诚实（chéngshí）、聪明（cōngming）、粗心（cūxīn）、果断（guǒduàn）、活泼（huópō）、健康（jiànkāng）、骄傲（jiāo'ào）、敬业（jìngyè）、浪漫（làngmàn）、冷静（lěngjìng）、厉害（lìhai）、麻烦（máfan）、马虎（mǎhu）、内向（nèixiàng）、耐心（nàixīn）、努力（nǔlì）、轻松（qīngsōng）、热情（rèqíng）、认真（rènzhēn）、深沉（shēnchén）、外向（wàixiàng）、文静（wénjìng）、稳重（wěnzhòng）、勇敢（yǒnggǎn）、优秀（yōuxiù）、幽默（yōumò）、犹豫（yóuyù）、准时（zhǔnshí）

动　词（爱好等）： 打扮（dǎban）、锻炼（duànliàn）、开玩笑（kāi wánxiào）、请客（qǐng kè）、弹钢琴（tán gāngqín）、踢足球（tī zúqiú）、跳舞（tiào wǔ）

成语和俗语： 不打不成交（bù dǎ bù chéng jiāo）、日久见人心（rì jiǔ jiàn rén xīn）、一见如故（yí jiàn rú gù）

● 说明：上述词语大部分出自《新汉语水平考试大纲》的三、四级词语，但是也有个别超出的。我们认为，适当使用几个高级阶段的词语特别是成语或俗语，会为你的口头表达增色。

练习一

1. 模仿本课的“描述一个人的参考表达格式”，介绍你的一个好朋友。

参考表达 02-5-3

2. 模仿下面的格式，介绍你的一位老师。

> 我想介绍我的一位老师……，他（她）的名字叫……（通过名字说明性别），今年……岁，现在是……（身份），他（她）是我……的老师，教我……。他（她）长得很……，性格很……。他（她）对学生很……，我们常常一起……。他（她）给我印象最深的是……，每次……，他（她）总是……。他（她）对我的……有很大的影响。

参考表达 02-5-4

考点与难点（二）　描述简单的日常活动安排

● 说明

描述简单的日常活动安排是中级阶段重要的任务之一，也是“回答问题”部分的重要测试项目，考生应该学习掌握。

一般来说，“描述简单的日常活动安排”这类题目会要求考生：

——介绍周末计划

——介绍假期计划

——介绍旅游线路

● 常见错误

1. 描述没有条理。

描述计划首先要求的就是条理性。一些考生由于准备不足，在描述时前后混杂，条理不清，使整个表述不能形成段落。

2. 表述过于简单。

虽然口试问题可能比较简单，但是考生一定要利用这些问题把自己的水平充分展现出来，比如使用较难的词语和句型，不能只用几个简单句子和非常初级的词汇做简单介绍，更不能说："这个假期我没有什么安排，只打算到图书馆看看书。"这样的表述等于在告诉考官"我的口语水平很差，不能多说"。

● 应试策略与技巧

1. 构思比较丰富的活动内容。

正如上面说的，要通过描述日常活动计划来展示出自己的口语水平，必须先构思比较丰富的活动内容，这样才能为词汇量的展示、语段的组织提供空间。这就要求在所设计的活动中，应当：（1）活动内容要在三项以上。（2）包括使用较难词语的活动。

与活动相关的中级阶段词语

动　词（计划类）： 打算(dǎsuàn)、计划(jìhuà)、决定(juédìng)、考虑(kǎolǜ)

动　词（活动类）： 搬家(bān jiā)、帮忙(bāng máng)、报名(bào míng)、擦(cā)（地板(dìbǎn)、窗子(chuāngzi)）、参观(cānguān)、参加(cānjiā)、乘坐(chéngzuò)、出差(chū chāi)、打扮(dǎban)、打篮球(dǎ lánqiú)、打乒乓球(dǎ pīngpāngqiú)、打扫(dǎsǎo)、打网球(dǎ wǎngqiú)、锻炼(duànliàn)、访问(fǎngwèn)、复习(fùxí)、购物(gòuwù)、集合(jíhé)、加班(jiā bān)、减肥(jiǎn féi)、看表演(kàn biǎoyǎn)、留学(liú xué)、旅游(lǚyóu)、爬山(pá shān)、跑步(pǎo bù)、起床(qǐ chuáng)、请客(qǐng kè)、散步(sàn bù)、上网(shàng wǎng)、弹钢琴(tán gāngqín)、踢足球(tī zúqiú)、跳舞(tiào wǔ)、游览(yóulǎn)、运动(yùndòng)

名　词： 长城(Chángchéng)、超市(chāoshì)、电视(diànshì)、电影(diànyǐng)、风景(fēngjǐng)、花园(huāyuán)、环境(huánjìng)、会议(huìyì)、京剧(jīngjù)、历史(lìshǐ)、南方(nánfāng)、农村(nóngcūn)、森林(sēnlín)、市场(shìchǎng)、图书馆(túshūguǎn)、文化(wénhuà)、艺术(yìshù)、音乐(yīnyuè)

形容词： 快乐(kuàilè)、浪漫(làngmàn)、忙(máng)、轻松(qīngsōng)、舒服(shūfu)、有名(yǒumíng)、著名(zhùmíng)

副　词： 顺便(shùnbiàn)

成语和俗语： 丰富多彩(fēngfù duōcǎi)、名胜古迹(míngshèng gǔjì)、悠闲自得(yōuxián zìdé)

● 说明：上述词语中有个别超出中级阶段大纲的词语。

2. 学习参考表达，掌握基本格式和句型。

参考表达 1 周末安排 02-5-5

我周末一般都比较悠闲（yōuxián）。早上 8 点起床，吃过早饭后，我会先打扫房间，一边听音乐，一边把桌子、地板都擦得干干净净的，再把一个星期的报纸、工作材料整理好。然后我会到外边的市场买些蔬菜、水果什么的，回来做午饭。下午我有时候会去运动，有时候去看艺术展。晚上我常常在家里看书，有时候也和女朋友或男朋友一起去看电影。

介绍周末安排参考表达格式

> 我周末一般都比较……，早上……起床，吃过早饭后，我会先……，然后我会……。下午我有时候会去……，有时候去……。晚上我常常……，有时候也……。
>
> ● 建议：可有意识地用一两个“把”字句。

参考表达 2 假期计划 02-5-6

这个假期我会很充实。我打算一放暑假就先到东北农村住一段，平时太忙了，我想换个环境，离开大城市的污染（wūrǎn），这样对我的健康有好处。然后我计划回家乡参加大学同学毕业 10 年聚会（jùhuì）。之后，我得到南方办点儿事儿，回来时顺便会去山东旅游一趟，参观五岳之首泰山和孔子的老家曲阜。总之，我打算动静结合，好好休息，这样假期结束后才能更好地工作。

介绍计划参考表达格式

> 这个假期我会很……。我打算先到……，然后我计划……。之后，我还要……，顺便会……一趟，参观……。总之，我打算……，这样假期结束后，才能……。
>
> ● 建议：可有意识地用一两个较难的词语。

练习二

1. 模仿这一课的“介绍周末安排参考表达格式”，说说你周末的计划。

参考表达 02-5-7

2. 模仿这一课的“介绍计划参考表达格式”，说说你的假期计划。 参考表达 02-5-8

本课小结

- **主要考点难点：**
  ① 描述一个人。
  ② 描述简单的日常活动安排。
- **考生常犯错误：**
  1. 表述过于简单，条理不清楚，没有段落意识，不能使用较难的词汇和句型。
  2. 描述没有条理，表述过于简单。
- **应试策略与技巧：**
  1. 了解基本框架，掌握基本句型。
  2. 学习参考表达，掌握基本格式和句型。
  3. 学习掌握丰富的词汇，努力形成自己的风格。
  4. 构思比较丰富的活动内容。

课后练习

回答问题。

Nǐ yìnxiàng zuì shēn de rén shì shéi? Qǐng jièshào yíxià.
1. 你印象最深的人是谁？请介绍一下。 参考表达 02-5-9

Nǐ de dì-yī wèi Zhōngwén lǎoshī shì ge shénme yàng de rén?
2. 你的第一位中文老师是个什么样的人？ 参考表达 02-5-4

Nǐ xīngqītiān yìbān shì zěnme ānpái de?
3. 你星期天一般是怎么安排的？ 参考表达 02-5-7

Jīnnián nǐ dǎsuàn qù shénme dìfang dùjià?
4. 今年你打算去什么地方度假？ 参考表达 02-5-8

►►► 第5课练习参考表达

练习一

1. 02-5-3

我有一个好朋友，她的名字叫李丽，今年28岁，现在是记者。我们认识已经10年了，她是我大学时的同屋。她长得很漂亮，性格很开朗。她平时很喜欢看电影，我们常常一起去电影院。她最大的特点是爱说话，常常开玩笑。跟她在一起，我总是很开心。

2. 02-5-4

我想介绍我的一位老师——王老师，她的名字叫王芳，今年48岁，现在是大学教授。她是我在中国留学时的老师，教我中国历史。她长得很清秀，性格很温和。她对学生很和蔼（hé'ǎi），我们常常一起聊天儿。她给我印象最深的是很有耐心，每次问问题，她总是耐心回答。她对我看问题的方法有很大的影响。

练习二

1. 02-5-7

我周末一般都比较忙碌（mánglù）。早上7点起床，吃过早饭后，我会先整理房间，把一周的衣服都洗干净，然后我会去图书馆看书。下午，我有时候会去做运动，有时候会去买东西。晚上，我会常常上网，有时候也给朋友打电话。

2. 02-5-8

这个假期我会很充实（chōngshí）。我打算先到南方旅行，然后我计划参加一个会议。之后，我还要去台湾，顺便会去香港一趟，参观海洋馆。总之，我打算一边旅行一边休息，劳逸结合（láo-yì jiéhé），这样假期结束后才能更好地工作。

课后练习

1. 02-5-9

我印象最深的人是我的中学数学老师，他姓温，叫温庆民，今年 50 岁了。他长得又瘦又高，眼睛非常有神（yǒushén）。他上课时很严格，下了课又很温和（wēnhé）。他是数学老师，却经常写诗。他不常和我们谈论怎样学数学，却常常给我们讲他自己的人生故事。很多年过去了，他教的数学我很多都忘了，可是他讲的故事我却一直记得很清楚。

2. 请参考本课练习一 –2（02-5-4）。

3. 请参考本课练习二 –1（02-5-7）。

4. 请参考本课练习二 –2（02-5-8）。

第6课 回答问题（二）

考点与难点（三）　　谈论个人日常生活中常见的活动

• 说明

谈论个人日常生活中常见的活动是中级阶段所要求的口头表达任务之一，应该学习掌握好。一般来说，“谈论个人日常生活中常见的活动”一类题目会要求考生：

——谈谈你的饮食习惯
——谈谈你的爱好
——谈谈你的休闲方式
——谈谈你的工作

• 常见错误

1. 描述过短，不成段落。

考生只用简单的句子介绍，想不出什么更多的内容，使描述过短，形不成段落，无法展现出自己的语言水平。

2. 平铺直叙（píng pū zhí xù），没有细节和特点。

考生没有在介绍中突出某一细节或特点，使讲述非常平淡（píngdàn），没有打动人的亮点。

3. 不能使用较难的词语和句型。

用词简单，句型单调，无法为表述赢得加分。

• 应试策略与技巧

1. 创造独特的细节，为形成段落和展示语言水平提供空间。

对于这种日常生活话题，要给人留下深刻印象，独特的**细节**至关重要。细节是话题的一种深化，它可以拉长段落，同时使语言更加丰富。如，谈到饮食习惯，不是简单说自己“喜欢中国菜”，而是把“中国菜”进一步展开，进一步提到自己喜欢什么地方风味菜（如四川菜），尤其喜欢哪个菜（如麻婆豆腐）等。这就不但加深了语言的难度，而且展现了自己对于中国饮食文化的了解。因此，越是简单的问题，越是要把话题展开，创造出与众不同的细节来。例如以下话题，就可以突出一些细节来增加整个段落的生动性。

话题拓展

问题	细节和特点
谈谈你的饮食习惯。	吃素、不吃肉等，可以展开话题，谈到健康饮食、保护环境等，把段落加长。
谈谈你的爱好。	喜欢看京剧，喜欢看中国古代诗歌，可以提到李白等大诗人，使人了解到你对中国文化的兴趣。
谈谈你的休闲方式。	喜欢爬山、山上有很好看的风景等等。
谈谈你的工作。	常常加班，但是不工作的时候也觉得无聊(wúliáo)等等。

以上只是提供一种思路，每个人都可以根据自己的实际生活描述出生动的细节。

2. 了解基本模式，形成段落。

日常生活话题描述模式

	基本模式	举例
开头	总写，用一个概括的描述统领整个段落。	（1）我的饮食习惯有些特别。（引起注意） （2）我的爱好很广泛。 （3）我的休闲方式多种多样。 （4）我的工作很辛苦。
中段	具体描述，突出重点细节，把开头的总写内容展开。	（1）从30岁时起，我开始吃素，不再吃任何肉类，包括鱼虾……（可以具体说明饮食种类、原因等，把段落展开） （2）其中我最喜欢运动，足球、篮球、乒乓球，我都喜欢，尤其喜欢篮球……
结尾	结尾总结，呼应开头。	（1）总之，在我看来，素食让我身心轻快，是一种很健康的饮食习惯。 （2）虽然我的工作很辛苦，可是也让我有成功的感觉，我喜欢我的工作。

3. 学习参考表达，掌握基本格式。

参考表达 1 谈谈你的饮食习惯 *02-6-01*

我喜欢吃各种各样的饭菜，中餐、西餐我都喜欢。我特别喜欢吃中国饭，米饭、面条、饺子什么的，我都喜欢。我尤其喜欢吃四川菜，虽然有点儿辣，可是好吃极了。平时我也喜欢自己做饭，我做的麻婆豆腐很地道。中国人常说“人是铁，饭是钢”，不管工作多忙，也要好好吃饭，这样身体才能健康。

谈饮食习惯参考表达格式

> 我喜欢吃……的饭菜，……我都喜欢。我特别喜欢吃……，……、……什么的，我都喜欢。我尤其喜欢吃……，……。我也喜欢……，……。中国人常说，……，吃好才能更好地工作。

参考表达 2 谈爱好 02-6-02

我是个体育迷。我不光喜欢看足球、篮球以及各种球类比赛，也喜欢看田径、游泳、拳击(quánjī)、滑冰、滑雪、自行车和汽车比赛，如果这一天电视里有精彩的体育节目，我一天当中无论干什么心里都想着它，一分一秒都过得很愉快。总之，我是个全能体育迷(mí)。

谈爱好参考表达格式

> 我的爱好很广泛。我不光喜欢……、……以及……，也喜欢……和……，我尤其喜欢……，因为……，……。总之，我……。

4. 学习掌握丰富的词汇，使表达更丰满。

在掌握基本格式之后，应该进一步提高词汇量，使表达更丰满，对新 HSK 大纲（四级）1200 词应熟练掌握。下面举例式列出一些相关词语。

日常生活相关词语

饮食类：
bīngxiāng chá chāoshì chīsù chúfáng dàngāo dùzi dùn fāngbiàn fāngbiàn
冰箱、茶、超市、吃素、厨房、蛋糕、肚子、顿、方便、方便
miàn fēngfù guǒzhī jīdàn jiǎn féi jiǎozi kāfēi kǔ là mǐfàn
面、丰富、果汁、鸡蛋、减肥、饺子、咖啡、苦、辣、米饭、
miànbāo miàntiáo niúnǎi píngguǒ qiǎokèlì qīngdàn shípǐn shūcài shuǐguǒ
面包、面条、牛奶、苹果、巧克力、清淡、食品、蔬菜、水果、
suān tián xīhóngshì xuǎnzé yángròu
酸、甜、西红柿、选择、羊肉

爱好、休闲方式类：
dǎ lánqiú dǎ pīngpāngqiú dǎ wǎngqiú dǎ yǔmáoqiú duànliàn gòuwù
打篮球、打乒乓球、打网球、打羽毛球、锻炼、购物、
jīngjù kuàilè làngmàn lǚyóu pá shān pǎo bù qīngsōng sàn bù shàng wǎng
京剧、快乐、浪漫、旅游、爬山、跑步、轻松、散步、上网、

shūfu tán gāngqín tī zúqiú tiào wǔ wénhuà yìshù yīnyuè yóulǎn
舒服、弹钢琴、踢足球、跳舞、文化、艺术、音乐、游览、
yóu yǒng yùndòng
游泳、运动

工作类：
chénggōng jiā bān nǔlì rènzhēn shōurù xiàndài xiànmù xīnkǔ yālì
成功、加班、努力、认真、收入、现代、羡慕、辛苦、压力、
yángé yínháng yōuxiù yǔnxǔ zhīshi zhídé zhǔyào zhuānyè zhǔnbèi
严格、银行、优秀、允许、知识、值得、主要、专业、准备、
zhǔnshí zǐxì zǔzhī zuò shēngyi
准时、仔细、组织、做生意

成语和俗语：
jīngjīngyèyè luóbo báicài, gè yǒu suǒ ài rén shì tiě, fàn shì gāng
兢兢业业、“萝卜白菜，各有所爱”、“人是铁，饭是钢”、
zǎo chū wǎn guī
早出晚归

● 说明：上述词语中有个别是超出中级阶段大纲的词语。

练习一

1. 模仿本课的“谈饮食习惯参考表达格式”，说说你的饮食习惯，注意对细节的描述。 参考表达 02-6-03

2. 模仿本课的“谈爱好参考表达格式”，说说你的爱好，注意细节的描述。

参考表达 02-6-04

考点与难点（四） 提出建议，给出理由

• 说明

对一件事提出建议、给出理由是表达自己观点或意见的重要手段，也是中高级阶段重要的口头交际任务之一，这一项目是外语学习者的外语水平由中级向高级过渡的重要环节，应该通过练习重点学习掌握。一般来说，希望考生“提出建议、给出理由”的题目会要求考生就某一问题提出自己的建议，并随后用“为什么？”来要求考生说明提出这个建议的理由。

• 常见错误

1. 只提出建议，不说明理由。

有时，虽然试题没有直接用“为什么”要求考生说明理由，但是按照正常的谈话逻辑，“提出建议”和“给出理由”二者密不可分。如 HSKK（中级）样卷中的第 14 题问“父亲或母亲过生日时，你想送他（她）什么礼物？”，实际就暗含(ànhán)着要求考生在“提出建议”的同时“给出为什么送这个礼物的理由”的测试目的。有些考生只看试题表面的问题，仅仅简单回答“我要送妈妈一条围巾，送爸爸一条领带”，没有体会出测试问题背后的真实意图(yìtú)。

2. 表述逻辑(luójí)混乱，不成段落。

考生虽然意识到应该说明理由，但是在陈述理由时，不会很好地使用复句，逻辑混乱，前后重复，不能形成段落。

• 应试策略与技巧

1. 了解表述的基本模式(móshì)，形成紧凑(jǐncòu)的段落。

“提出建议、给出理由”表述模式

	基本模式	举例
开头	直截了当(zhíjié liǎodàng)地提出建议，既可以回答试题的问题，又可以统领(tǒnglǐng)整个语段。	（1）妈妈过生日时，我打算送她一条围巾。 （2）毕业以后，我计划去法国留学。
中段	说明理由，展开语段。针对“为什么？”的问题，直接可以使用“首先……其次……”“而且”“再说”等词语连接两个以上的原因。	（1）（首先）因为冬天风很大，妈妈上班时骑自行车很冷，（再说）她的围巾已经很旧了，所以我打算给她买条新的。 （2）（首先）因为我大学的专业是法语，而且我很喜欢法国的文学和艺术，所以我打算去法国留学。
结尾	说明建议可能带来的效果。	（1）我想买一条红色的羊毛围巾，这样妈妈戴着一定又暖和又漂亮。 （2）在法国，我可以一边继续学习法语，一边了解法国的风土人情，一定会有很多收获。

2. 学习参考表达，掌握基本格式。

参考表达 你毕业后打算做什么？为什么？ 02-6-05

我毕业后打算去法国留学。这首先是因为我大学的专业是法语，我想毕业后继续提高自己的法语水平；其次是因为我对法国的文学和艺术很感兴趣，希望有机会到当地学习和了解；另外，我还喜欢吃法国菜，如果能去法国生活几年，一定可以大饱口福（dà bǎo kǒu fú）。因为这些原因，我计划毕业后去法国学习法国文学。我想，通过自己的努力，一定可以实现自己的理想。

谈打算参考表达格式

我打算……。这是因为，第一（首先）……，我想……；第二（其次）……，希望……；另外，我还……，如果……，一定可以……。因为这些原因，我计划……。我想，……，一定可以……。

3. 学习汉语中的常用复句类型，使表达更有逻辑性。

下面这些复句，可以使表述更有逻辑性，加以合理使用，可以更好地完成“提出建议、给出理由”的口头交际任务。

汉语常用复句类型

复句类型	句式	说明	例句
因果关系	因为 / 由于……，所以 / 因此 / 于是……	表示原因和结果。	因为她很喜欢文学，所以我打算送她一套《红楼梦》。
	既然……，就……	表示已经出现的事实和结论。	既然车票难买，那我们就坐飞机去吧。
目的关系	为了 A，B	A 是目的，B 是行为。	为了提高工作效率，我们最好改变招聘方法。
	B，以便 A	B 是行为，A 是目的。	出发前大家应该详细阅读相关材料，以便尽快熟悉当地的情况。
条件关系	只要 A，就 B	充分条件句。有 A 一定有 B。	只要有酒，他就开心了。
	只有 A，才 B	必要条件句。必须有 A 才能有 B。	只有亲眼看见，我才会相信。

（续表）

复句类型	句式	说明	例句
条件关系	凡是……，都……	表示没有例外（lìwài）。	凡是一年级的新生都要住校。
	不管/无论/不论A，都/也B	表示没有例外。A一般是动词、形容词的正—反形式。	不管同意不同意，都要给我们来个电话。
转折关系	虽然A，但是/可是…… V是V（或"Adj是Adj"），可是/就是……	表示转折，A通常是已经出现的事实。	(1)这孩子虽然年纪不大，但是懂的东西却不少。 (2)这个办法好是好，可是不可行。
假设关系	要是/如果/假如/倘若/若A，就/则B	表示假设，A是没有出现的事实。	如果明天下雨，我们就不去长城了。
	要不是/幸亏A，否则/不然B	表示假设，B是没有出现的事实。	幸亏带了雨伞，不然就淋湿了。

练习二

1. 模仿下面的格式，说说你最好的朋友过生日时你打算送他（她）什么礼物。

参考表达 02-6-06

> 我最好的朋友叫……，他（她）是……（身份或两人的关系）。他（她）马上就要过生日了，我打算……。这是因为，首先……，其次……，另外……。因为这些原因，我计划……。我想，……，一定可以……。

2. 模仿下面的格式，说说你今天晚上想去哪个饭馆吃饭。 参考表达 02-6-07

> 我打算……。这是因为，第一……，我想……；第二……，希望……。因此，我计划……。我想，……，一定可以……。

考点与难点（五） 比较两个人或事物

• 说明

“描述”“叙述” 和 **“比较”** 是中级阶段三大重要的口头交际任务，因此“比较两个事物”也必然会成为“回答问题”部分的重要测试项目。一般来说，“比较两个事物”题目会要求考生比较两个日常生活中熟悉的人或事物的异同（yìtóng）。

• 常见错误

1. 比较时没有条理。

考生不能对两个事物进行分门别类的比较，在比较时不同项目前后混杂，条理不清，使整个表述不能形成段落。

2. 不会使用比较句和其他用于比较的句型。

汉语的比较句虽然是初级语法项目，但是由于有多种变化形式，很多考生到中级甚至高级阶段仍然不能很好地掌握，在紧张的口试中非常容易出错。

• 应试策略与技巧

1. 熟练掌握比较句型。

要完成比较两个人或事物的任务，首先要了解各种比较句式的主要用法，不但要记住重要句式，而且要掌握句式的语义。

重要比较句式

句式	说明	例句
A 比 B + Adj 得多 / 一点儿 / 数量	表示程度的词要放在形容词的后边。	（1）哥哥比弟弟大三岁。 （2）弟弟比哥哥高一点儿。 （3）弟弟比哥哥高得多。
A 比 B + 还 Adj	A 和 B 都很 Adj，同时 A 比 B 更 Adj。 “弟弟比哥哥还高”有两层含义： （1）弟弟和哥哥都很高。 （2）弟弟比哥哥高。	弟弟比哥哥还高。

（续表）

句式	说明	例句
A 跟 B 一样 / 差不多 Adj	A 和 B 相同或相近。	（1）弟弟和哥哥一样高。 （2）弟弟和哥哥差不多高。
A 不如 / 没有 B 那么 Adj	B 比 A Adj。 **注意** 不能说“*A 比 B 不 Adj”。	妹妹没有姐姐那么高。 * 妹妹比姐姐不高。
A 不比 B + Adj	A 和 B 都不 Adj，A 和 B 差不多 Adj。 “弟弟不比哥哥矮”有两层含义： （1）弟弟和哥哥都不矮。 （2）弟弟和哥哥差不多高。 **注意** 不要把这一结构与“A 不如 / 没有 B 那么 Adj”混淆。	弟弟不比哥哥矮。

用于“比较”语段的其他句式

- 和 A 相比，B 更……
- 和 A 相比，我更喜欢 B。
- 两个比较起来，各有各的优点。
- A……，B 则……
- 在……方面，A 好一些；但是在……方面，B 则好一些。
- 和 A 不同，B……

2. 学习参考表达，掌握基本格式和句型。

参考表达 比较两个地方的气候 *02-6-08*

我的家乡的气候和北京不太一样。春天，我们那里不会像北京一样刮大风，夏天也没有北京这么热，秋天和北京差不多，冬天却比北京冷得多。另外，因为我的家乡在一条大河旁边，所以气候比北京湿润（shīrùn）多了。我刚到北京的时候，特别不适应北京干燥（gānzào）的天气，有时候我一天喝的水比在我的家乡一个星期喝的水还要多！不过，我觉得，不管在什么地方，心情好最重要。心情好，就是刮大风也不会觉得讨厌（tǎoyàn）。

比较两地气候的参考表达格式 1

……A 和 B……不太一样（总写）。首先是……（方面），A……，不像 B 那么……；另外，在……（方面），A……比 B 更……。除了上面两点，在……（方面），和 A 相比，B 更……。……（有条理地进行比较）。我觉得，……。

……（收尾总结）。

比较两地气候的参考表达格式 2

……A 和 B……差不多，不过也有一点差别（总写）。首先是……（方面），A……，而 B 则……；另外，在……（方面），A……，而 B 则……。除了上面两点，在……（方面），B 和 A 相比基本一样。……（有条理地进行比较）。我觉得，……。

……（收尾总结）。

练习三

1. 模仿下面的格式，比较一下你的两位同学。 参考表达 *02-6-09*

我有两个同学，一个叫 A……，……；另一个叫 B……，……。他们很不一样（总写）。首先是……（方面），A……，不像……B 那么……；另外，在……（方面），A……，比 B 更……。除了上面两点，在……（方面），和 A 相比，B 更……。……（有条理地进行比较）。我觉得，……。

……（收尾总结）。

2. 模仿本课的"比较两地气候的参考表达格式"，比较一下你住过的两个不同的城市。 参考表达 *02-6-10*

考点与难点（六） 描述或报告某件事情的经过或情况

● 说明

“描述或报告某件事情的经过或情况”是中级阶段重要的任务之一,三级、四级能力大纲中有多项能力与此有关，虽然 HSKK（中级）的第二部分“看图说话”考试以此作为重点，但也不能保证这类题目不会在“回答问题”部分再次出现，因此我们仍然把它列为第三部分的“考点与难点”。由于第 3、4 课已经对“描述复杂事件”的任务做了详尽的介绍，本课只对此进行简要说明。

一般来说，如果“描述或报告某件事情的经过或情况”类题目出现在“回答问题”部分，会要求考生：

——叙述一件有趣的事情

——叙述一件难忘的事情

● 常见错误

1. 叙述支离破碎，缺乏重要要素。

由于没有清晰的段落意识，考生讲不明白复杂事件。

2. 表述过于简单，没有细节。

考生不能把事情的特点展现出来，讲述非常平淡，没有趣味。

3. 句式单调（dāndiào），词汇贫乏。

考生在表述中全部使用简单单句，使用的词汇非常有限，不能充分展现出自己的口语水平。

● 应试策略与技巧

1. 抓住叙事的六大要素，有条理地描述事件。

时间　地点　人物　事情的起因　事情的经过　事情的结果

2. 学习参考表达，掌握叙事的基本模式，形成紧凑（jǐncòu）的段落。

参考表达　一件有趣的事　*02-6-11*

去年我在日本旅行的时候，发生了一件很有趣的事情。（总述）

去年夏天，我去东京旅行，有一天下午，导游带我们去商店买东西，我学过几句简单的日语，很想利用这个机会试一试。于是，当商店的店员问我需要什么东西时，我就清楚地用日语回答说："我想要一支口红（kǒuhóng）。"可是，店员听了我的话后，看起来非常吃惊，我就又重复了一遍，不过这一次，我知道自己说错了，原来我把"口红"说成了"嘴唇（zuǐchún）"！（叙事）

每次和朋友们说起这件事，大家都哈哈大笑（hāhā dàxiào）。（收尾总结）

叙事参考表达格式

……的时候，发生过一件……的事情。（总述） ……（时间），我在……（地点），……（人物）……（叙事） 这件事过去很久了，但是……。（收尾总结）

3. 掌握叙事当中的重点句型、成段表达等。

有关叙事当中的重点句型、成段表达等其他问题，我们在第 3、4 课曾做过详尽的介绍，请参考掌握，这里不再重复。

练习四

1. 模仿本课的"叙事参考表达格式"，讲一件让你难忘的事情。 参考表达 02-6-12

2. 模仿本课的"叙事参考表达格式"，讲一件有趣的事情。 参考表达 02-6-11 / 02-6-12

本课小结

- **主要考点难点：**
  - ① 谈论个人日常生活中常见的活动。
  - ② 提出建议，给出理由。
  - ③ 比较两个人或事物。
  - ④ 描述或报告某件事情的经过或情况。

- **考生常见错误：**
  1. 描述过短，不成段落。平铺直叙，没有细节和特点。不能使用较难的词语和句型。
  2. 只提出建议，不说明理由。表述逻辑混乱，不成段落。
  3. 比较时没有条理。不会使用比较句和其他用于比较的句型。
  4. 叙述支离破碎，缺乏重要要素。表述过于简单，没有细节。句式单调，词汇贫乏。
- **应试策略与技巧：**
  1. 创造独特的细节，为形成段落和展示语言水平提供空间。了解谈论日常生活话题的基本模式，形成段落。学习掌握丰富的词汇，使表达更丰满。
  2. 了解“提出建议、给出理由”表述的基本模式，形成紧凑的段落。学习汉语中的常用复句类型，使表达更有逻辑性。
  3. 熟练掌握比较句型。
  4. 抓住叙事的六大要素，有条理地描述事件。掌握叙事的基本模式，形成紧凑的段落。

课后练习

回答问题。

Nǐ lǐxiǎng de zhíyè shì shénme? Wèishénme?
1. 你理想的职业是什么？为什么？ 参考表达 02-6-13

Nǐ juéde yīnggāi zěnyàng zuò cái néng xuéhǎo wàiyǔ?
2. 你觉得应该怎样做才能学好外语？ 参考表达 02-6-14

Nǐ juéde nǐmen guójiā de qìhòu hé Zhōngguó yǒu shénme bù tóng?
3. 你觉得你们国家的气候和中国有什么不同？ 参考表达 02-6-08 / 02-6-10

Nǐ zài Zhōngguó pèngdàoguo shénme yǒu yìsi de shìqing ma?
4. 你在中国碰到过什么有意思的事情吗？ 参考表达 02-6-11 / 02-6-12

►►► 第 6 课练习参考表达

练习一

1. 02-6-03

我喜欢吃中国各地的饭菜，四川菜、山东菜什么的我都喜欢。我特别喜欢中国北方的面食，面条、饺子、包子我都喜欢。我尤其喜欢吃素食（sùshí），既保护动物，青菜、豆腐对人的身体也有好处。我也喜欢和朋友一起去素食馆吃饭，让大家都体验（tǐyàn）一下素食的美味。中国人常说“萝卜青菜，各有所爱”，每个人都有自己不同的口味，吃好才能更好地工作。

2. 02-6-04

我的爱好很广泛（guǎngfàn）。我不光（bùguāng）喜欢文学、书法以及绘画，也喜欢音乐和舞蹈，我尤其喜欢中国古典音乐，因为它可以让人们的心很平静，还能更好地理解中国古代诗歌。总之，我是一个全能文艺爱好者。

练习二

1. 02-6-06

我最好的朋友叫李丽，她是我的大学同学。她马上就要过生日了，我打算送她一块手表。这是因为，第一，她的手表前几天坏了，我发现她每次都要用手机看时间，很不方便；第二是我前几天在商店看到一块很漂亮的手表，正是李丽喜欢的颜色；另外，我还打算把送她的手表拨快（bōkuài）五分钟，这样她就不会老迟到了。因为这些原因，我计划用手表作礼物。我想，这个礼物，一定能给她一个惊喜。

2. 02-6-07

我今晚打算去学校东门旁边的素食馆吃饭。这是因为，第一，这家饭馆的菜很有特色，又好吃又不油腻（yóunì）；第二，饭馆的环境很好，布置（bùzhì）得很雅致（yǎzhì），里面也很安静；另外，我是他们的会员，所以可以打折。因此，我计划到素食馆去吃饭。我想，如果我坚持一段时间，身材（shēncái）一定可以变瘦。

练习三

1. 02-6-09

我有两个同学，一个叫李明，另一个叫王振华，他们俩很不一样。首先是外貌上，李明不像王振华那么又高又壮；另外，在性格上，李明比王振华更温和。除了上面两点，在社交(shèjiāo)方面，和李明相比，王振华更外向(wàixiàng)。我觉得，每个人都有自己不同的特点，只要人品(rénpǐn)好，就会有好朋友。

2. 02-6-10

我觉得北京和上海很不一样。首先是城市的建筑(jiànzhù)风格，北京比较传统，而上海则比较西化(xīhuà)；另外，在城市的重要性方面，北京是中国的政治中心，而上海则是经济中心。除了上面两点，在文化上，和北京相比，上海好像更国际化。我觉得，每一个城市都有自己的特点，各自有各自好的地方。

练习四

1. 02-6-12

上中学的时候，发生过一件令我难忘的事情。

高三那年，我在市里上学。一个周末，因为学校有事情，所以误(wù)了末班车，我只好走着回家去。天很黑，路上没什么人，我越走心里越害怕。这时候，一辆自行车从我身边过去了，但是又在前边停了下来，一个20多岁的小伙子问我："你一个人吗？胆子(dǎnzi)挺大的！上来吧，我带你一段。"看我有些犹豫(yóuyù)，他说："放心吧，世上好人多！"那天，他一直把我送到家里。

这件事过去很久了，但是我一直记着他说的话：世上好人多。

2. 请参考本课"考点与难点（六）"中的参考表达（02-6-11）和练习四–1的参考表达（02-6-12）。

课后练习

1. *02-6-13*

我理想的职业是当医生。为什么呢？首先是因为医生可以救人的生命，可以帮助人们恢复健康；其次是因为医生的职业受人尊敬；另外，医生的工资比较高，生活很稳定。因为这些原因，我想长大以后当医生，成为一名白衣天使（báiyī tiānshǐ）。

2. *02-6-14*

我觉得学好外语需要做很多努力。首先，你应该多听外语广播、多看外语电影，提高你的听力；其次，你要多阅读，慢慢积累（jīlěi）词汇量；同时，你应该找机会多练习说话，提高口语表达能力。总之，熟能生巧（shú néng shēng qiǎo），学好外语需要下真功夫（gōngfu）。

3. 请参考本课“考点与难点（五）”中的参考表达（*02-6-08*）和练习三 –2 的参考表达（*02-6-10*）。

4. 请参考本课“考点与难点（六）”中的参考表达（*02-6-11*）和练习四 –1 的参考表达（*02-6-12*）。

HSKK

第四单元 04

模拟考试（二）—（五）

汉语水平口语考试
HSKK（中级）
模拟试卷（二）03-1

注　　意

一、HSKK（中级）分三部分：

1. 听后重复（10 题，5 分钟）

2. 看图说话（2 题，4 分钟）

3. 回答问题（2 题，4 分钟）

二、全部考试约 23 分钟（含准备时间 10 分钟）。

第一部分

第 1–10 题：听后重复

第二部分

第 11–12 题：看图说话

11.（2 分钟）

12.（2 分钟）

第三部分

第 13–14 题：回答问题

Qǐng jièshào yíxià nǐ píngshí de zuòxī shíjiān.
13. 请介绍一下你平时的作息时间。（2 分钟）

Qǐng shuōshuo nǐ zuì xiǎng qù shénme dìfang lǚyóu.
14. 请说说你最想去什么地方旅游。（2 分钟）

汉语水平口语考试
HSKK（中级）
模拟试卷（三）04-1

注　意

一、HSKK（中级）分三部分：

1．听后重复（10题，5分钟）

2．看图说话（2题，4分钟）

3．回答问题（2题，4分钟）

二、全部考试约23分钟（含准备时间10分钟）。

第一部分

第 1–10 题：听后重复

第二部分

第 11–12 题：看图说话

11.（2 分钟）

12.（2 分钟）

第三部分

第 13–14 题：回答问题

Qǐng jièshào yí ge nǐ zuì xǐhuan de chéngshì.
13. 请 介绍 一个 你 最 喜欢 的 城市。（2分钟）

Qǐng jiǎng yí jiàn nǐ lǚxíng zhōng yùdào de máfan shì.
14. 请 讲 一件 你 旅行 中 遇到 的 麻烦 事。（2分钟）

汉语水平口语考试
HSKK（中级）
模拟试卷（四）05-1

注　　意

一、HSKK（中级）分三部分：

1．听后重复（10 题，5 分钟）

2．看图说话（2 题，4 分钟）

3．回答问题（2 题，4 分钟）

二、全部考试约 23 分钟（含准备时间 10 分钟）。

第一部分

第1–10题：听后重复

第二部分

第11–12题：看图说话

11.（2分钟）

12.（2分钟）

第三部分

第 13–14 题：回答问题

Rúguǒ nǐ yǒu yí ge sān tiān de cháng zhōumò, qǐng shuōshuo nǐ de ānpái.
13. 如果你有一个三天的长周末，请说说你的安排。（2 分钟）

Qǐng shuō yi shuō nǐ lǐxiǎng de zhíyè.
14. 请说一说你理想的职业。（2 分钟）

汉语水平口语考试
HSKK（中级）
模拟试卷（五）06-1

注　意

一、HSKK（中级）分三部分：

1．听后重复（10 题，5 分钟）

2．看图说话（2 题，4 分钟）

3．回答问题（2 题，4 分钟）

二、全部考试约 23 分钟（含准备时间 10 分钟）。

第一部分

第1–10题：听后重复

第二部分

第11–12题：看图说话

11.（2分钟）

12.（2分钟）

第三部分

第13–14题：回答问题

Qǐng nǐ bǐjiào yíxià nǐ zhùguo de liǎng ge bù tóng chéngshì de qìhòu.
13. 请你比较一下你住过的两个不同城市的气候。（2分钟）

Qǐng shuōshuo nǐ xǐhuan shénme tǐyù yùndòng.
14. 请说说你喜欢什么体育运动。（2分钟）

模拟考试（二）—（五）录音材料及参考表达

模拟考试（二）

●录音材料 03-1

（音乐，30秒，渐弱）

你好！你叫什么名字？（10秒）
你是哪国人？（10秒）
你的序号是多少？（10秒）

好，现在开始第1到10题。每题你会听到一个句子，请在"嘀——"声后重复这个句子。现在开始第1题。

1. 昨天的演出 | 很精彩。（10秒）
2. 她 | 很喜欢 ¦ 看爱情电影。（10秒）
3. 说明书 | 写得很详细。（10秒）
4. 你 | 最好别告诉他 ¦ 答案。（10秒）
5. 我 | 去邮局 ¦ 寄一封信。（10秒）
6. 这个消息 | 让他 ¦ 很兴奋。（10秒）
7. 他 | 把地图 ¦ 挂在墙上了。（10秒）
8. 学校商店 | 已经关门了。（10秒）
9. 他爸爸 | 是个著名的律师。（10秒）
10. 上个月 | 我去上海 ¦ 出了一趟差。（10秒）

好，现在开始准备第11到14题，可以在试卷上写提纲，准备时间为10分钟。

准备时间结束。现在开始第11题。（2分钟）

第11题结束。现在开始第12题。（2分钟）

第12题结束。现在开始回答第13题。（2分钟）

第13题结束。现在开始回答第14题。（2分钟）

好，考试现在结束，谢谢你！

参考表达

第二部分

11. 03-2

上个星期，我去香港旅行。天气很好，晴空万里（qíngkōng wànlǐ）。我坐车到山顶，可以看到山下有很多高楼大厦（gāolóu dàshà），远处是美丽的海景（hǎijǐng）。我拿着相机拍摄（pāishè）了很多风景照。这是一次愉快的旅行。

12. 03-3

小华是大学四年级学生，她正在准备毕业论文。她坐在图书馆里，面前的书堆得高高的，她双手抱着头，愁眉苦脸（chóu méi kǔ liǎn）地盯着面前的那些书发愁（fāchóu）。看起来，毕业论文让她很头疼。

第三部分

13. 03-4

我是一个早起晚睡（zǎo qǐ wǎn shuì）的人。我每天早上六点起床，洗漱（xǐshù）完后，先去外边打太极拳（tàijíquán），然后回来吃早饭。八点我坐公共汽车去上班，我们公司早上九点开始工作，下午五点下班。中午，我在公司食堂吃饭。下班回来，我自己做饭。吃完饭后，我看书或者听音乐，有时候在网上和朋友聊天儿。十一点，我开始洗澡。我大概十二点左右上床睡觉。

14. 03-5

我最想去旅游的地方就是澳大利亚。这是因为，首先，听说那里的风景很漂亮，有美丽的大海和沙滩，还有很多漂亮的花儿和高大的树木；其次，我很喜欢澳大利亚的动物，想去看一看可爱的澳大利亚树袋熊（shùdàixióng）；另外，那里的气候和这里是相反的，我想体会（tǐhuì）一下突然从冬天变成夏天的感受。因为上述这些原因，今年春节我打算去澳大利亚旅游。

模拟考试（三）

● 录音材料 04-1

（音乐，30 秒，渐弱）

你好！你叫什么名字？（10 秒）

你是哪国人？（10 秒）

你的序号是多少？（10 秒）

好，现在开始第 1 到 10 题。每题你会听到一个句子，请在“嘀——”声后重复这个句子。现在开始第 1 题。

1. 南方的气候 | 比较湿润。（10 秒）
2. 春天的风 | 刮得真大！（10 秒）
3. 我们 | 正在讨论 ¦ 那个计划。（10 秒）
4. 祝你们 | 访问成功。（10 秒）
5. 他决定 | 先回一趟家。（10 秒）
6. 我 | 很羡慕 ¦ 会弹钢琴的人。（10 秒）
7. 报名人数 | 已经超过了一千。（10 秒）
8. 我 | 和这个学生 ¦ 很久没见面了。（10 秒）
9. 现在的交通 | 越来越方便了。（10 秒）
10. 教授 | 竟然把那个机会 ¦ 放弃了。（10 秒）

好，现在开始准备第 11 到 14 题，可以在试卷上写提纲，准备时间为 10 分钟。

准备时间结束。现在开始第 11 题。（2 分钟）

第 11 题结束。现在开始第 12 题。（2 分钟）

第 12 题结束。现在开始回答第 13 题。（2 分钟）

第 13 题结束。现在开始回答第 14 题。（2 分钟）

好，考试现在结束，谢谢你！

参考表达

第二部分

11. 04-2

小英最近工作特别累。下午，她又在电脑前工作了好几个小时，觉得腰酸背痛（yāo suān bèi tòng）的。快下班时，电话响了，她接起来，原来是一个文件出了问题。她一边接电话，一边把手放在腰上，愁眉苦脸地想：又得加班了。

12. 04-3

杰克最近刚完成了一个项目，打算到国外旅行，好好放松一下。他穿着一身休闲服（xiūxiánfú），头上架（jià）着一副太阳镜（tàiyángjìng），一手拿着护照，一手拖着旅行箱，正开开心心（kāikāixīnxīn）地去机场。真是无事一身轻（wú shì yì shēn qīng）啊。

第三部分

13. 04-4

我最喜欢的城市是中国的首都北京。这是一个既古老（gǔlǎo）又现代化的城市。城市的中心是黄顶红墙的故宫（Gù Gōng），附近有很多传统的四合院（sìhéyuàn）和胡同（hútòng），从中可以看到北京悠久（yōujiǔ）的历史。城市的东部，有很多高楼大厦，都是最近30年建起来的，非常现代化，可以感受到中国飞速的发展。晚上，在北京，有人去剧院听京剧，也有人到酒吧听摇滚（yáogǔn）。北京是传统和现代的结合，是一个奇妙（qímiào）的城市。

14. 04-5

我是个喜欢旅行的人，旅行让我的生活充满活力（huólì）。但旅行中也会遇到一些有趣的麻烦事，有件麻烦事现在想起来也很好笑。

那是去年夏天，我第一次去中国北京旅行。那天在机场大厅里，我拿着护照办过关（guò guān）手续。护照上面的照片拍得太夸张（kuāzhāng）了，跟我本人距离很大。那名工作人员特别认真、敬业（jìngyè），反复把护照和我对照了好几遍。为了证明我自己，我把眼镜摘（zhāi）下、戴上，又摘下、戴上了好几遍。后边的人很不耐烦。最后我只好做出照片上那个表情、摆出同样的姿势，才在工作人员怀疑的目光中过了关。

每次和朋友们说起这件事，大家都会哈哈大笑（hāhā dàxiào）。

模拟考试（四）

● 录音材料 05-1

（音乐，30 秒，渐弱）

你好！你叫什么名字？（10 秒）
你是哪国人？（10 秒）
你的序号是多少？（10 秒）

好，现在开始第 1 到 10 题。每题你会听到一个句子，请在“嘀——”声后重复这个句子。现在开始第 1 题。

1. 这些葡萄 | 都很新鲜。（10 秒）
2. 她听了以后 | 吃惊极了。（10 秒）
3. 这个电脑 | 是我姐姐的。（10 秒）
4. 她 | 能看懂 ¦ 中文说明书。（10 秒）
5. 感冒 | 让他 ¦ 不得不请假。（10 秒）
6. 自行车 | 被张华 ¦ 骑走了。（10 秒）
7. 我 | 是半年前 ¦ 开始学汉语的。（10 秒）
8. 我保证 | 按时完成任务。（10 秒）
9. 我 | 终于把办公室 ¦ 收拾干净了。（10 秒）
10. 经理 | 对我的报告 ¦ 很满意。（10 秒）

好，现在开始准备第 11 到 14 题，可以在试卷上写提纲，准备时间为 10 分钟。

准备时间结束。现在开始第 11 题。（2 分钟）

第 11 题结束。现在开始第 12 题。（2 分钟）

第 12 题结束。现在开始回答第 13 题。（2 分钟）

第 13 题结束。现在开始回答第 14 题。（2 分钟）

好，考试现在结束，谢谢你！

●参考表达

第二部分

11. 🎧 *05-2*

	早上醒来，玛丽觉得很不舒服，头有点儿疼。她躺在床上，把手放在头上摸了一下，觉得有点儿烫(tàng)。她找出体温计，试了一下，三十八度五，发烧了。她无可奈何(wú kě nàihé)地躺在床上，心想，看来今天不能去学校了。

12. 🎧 *05-3*

	今天是情人节，晚上我和男朋友到外面去吃饭。我们刚坐下来，他就突然从包里拿出一枝红玫瑰(méiguī)，送到我的面前，说："情人节(Qíngrén Jié)快乐！"我一边微笑着接过花儿，一边望着他，激动地说："谢谢！"那一刻，我感到幸福极了。

第三部分

13. 🎧 *05-4*

如果我有一个三天的长周末，我想到山东去旅行。我打算，第一天，从北京坐高铁(gāotiě)到孔子的老家曲阜参观，了解一下孔子生活的地方和他的故事；第二天，我打算爬泰山，看看这座中国东部的名山；第三天，我打算到济南去游览，参观一下济南的泉水和城市风景，最后坐晚上的高铁回北京。这将是一趟不错的文化旅行！

14. 🎧 *05-5*

我理想的职业是当一名优秀的服装设计师(shèjìshī)。为什么呢？首先是因为我是一个爱美的人。我相信设计可以让人生更美好。穿着漂亮的衣服是让人赏心悦目(shǎng xīn yuè mù)的事。其次，我认为"爱美之心，人皆有之(ài měi zhī xīn, rén jiē yǒu zhī)"，谁不希望自己更漂亮些呢？漂亮的衣服会给一个人加分。我希望将来有很多人穿着我设计的衣服出席会议、与朋友聚会，甚至上学上班。

小时候我就喜欢在纸上画些漂亮的衣服，然后照样子给我的小布娃娃(bùwáwa)做衣服。将来我要读大学的服装设计专业，努力做一名优秀的服装设计师，用我的双手装点人们幸福的生活。

模拟考试（五）

● 录音材料 06-1

（音乐，30 秒，渐弱）

你好！你叫什么名字？ （10 秒）
你是哪国人？ （10 秒）
你的序号是多少？ （10 秒）

好，现在开始第 1 到 10 题。每题你会听到一个句子，请在“嘀——”声后重复这个句子。现在开始第 1 题。

1. 他 | 对顾客¦很耐心。 （10 秒）
2. 妹妹 | 开着灯¦睡着了。 （10 秒）
3. 她女儿的性格 | 非常活泼。 （10 秒）
4. 演出前 | 要好好打扮一下。 （10 秒）
5. 加油站附近 | 禁止打电话。 （10 秒）
6. 他的笔记 | 整理得很详细。 （10 秒）
7. 我打算 | 陪叔叔¦去长城看看。 （10 秒）
8. 流行歌曲 | 很受年轻人的喜爱。 （10 秒）
9. 那 | 是一本¦浪漫的爱情小说。 （10 秒）
10. 请告诉我一下 | 您的电话号码。 （10 秒）

好，现在开始准备第 11 到 14 题，可以在试卷上写提纲，准备时间为 10 分钟。

准备时间结束。现在开始第 11 题。 （2 分钟）

第 11 题结束。现在开始第 12 题。 （2 分钟）

第 12 题结束。现在开始回答第 13 题。 （2 分钟）

第 13 题结束。现在开始回答第 14 题。 （2 分钟）

好，考试现在结束，谢谢你！

• 参考表达

第二部分

11. 06-2

	星期天，天气很好，风和日丽的，我决定上街买衣服。我逛了好几家商店，买了几条夏天穿的裙子。当我走出商场，提着大大小小的购物袋在街上走着的时候，忽然看到我的一个同事就在 xǐ chū wàng wài 前面不远处，我喜出望外，大声地喊她的名字。 guàng jiē bànr 太好了，这下逛街有伴儿了。

12. 06-3

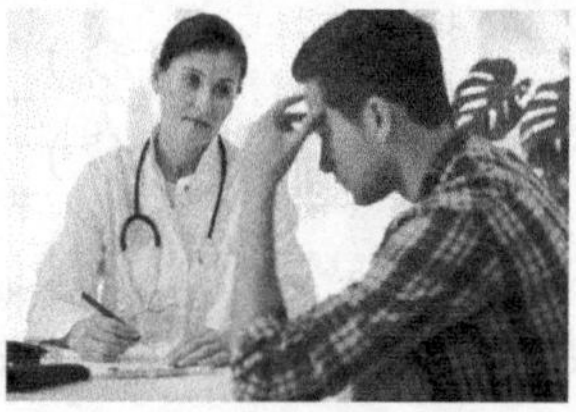	最近杰克常常头疼，今天他到医院去看病。医生问了他一些问题，然后给他做了检查，结果 zhèngcháng tuō 发现一切都正常。杰克用手托着头，很难受。女医生坐在他对面同情地望着他，安慰他说：“别担心，你可能只是累了，需要好好休息。”

第三部分

13. 06-4

去年夏天，我在中国东北的大连学了半年汉语，今年来成都学习中医。我发现这两个城市气候有很大的不同。

zhěngjié sìjì fēnmíng
大连是中国东北的一个城市，离海近，整洁漂亮。大连一年春夏秋冬四季分明，冬天会下雪。但冬天不那么冷，夏天也不会那么热。因为离海很近，空气也非常湿润。

nèilù
成都是中国南方的一个内陆城市，在中国西南部。成都也有四季，但冬天很少下雪，冬天温度零度左右。成都雾多，日照时间短。成都因为处在盆地中，夏天非常
mēnrè liàng
闷热，冬天阴天多，所以洗的衣服得好几天才能晾干。

不同的气候形成这两个城市不同的特点。我喜欢这两个城市。

14. 06-5

我喜欢各种体育运动，像踢足球、打篮球、打乒乓球什么的，我都喜欢。我还喜欢跑步、游泳。不过我最喜欢的是骑自行车，因为我在骑车运动的同时，可以去自己想去的地方，这样既锻炼了身体，又不浪费时间，是最经济(jīngjì)的锻炼方法。

[附录]

附录 1　　中级口试表达常用功能项表

序号	功能项
1	打招呼、告别
2	简单介绍个人信息（姓名、年龄、住所、家庭、爱好、能力、性别、称呼、外貌、性格等）
3	表示感谢、道歉、欢迎、祝贺等
4	使用数字表达数量、顺序
5	表达时间（分钟、小时、天、星期、日（号）、月、年、现在、过去、将来等）
6	简单描述（天气、方位、大小、多少、对错、心情、颜色、季节等）
7	提问、回答简单的问题（购物、交通、看病、运动、娱乐等）
8	表达、理解简单的要求或请求
9	表达简单的情感、观点
10	询问别人的观点
11	提建议
12	做比较、选择
13	解释原因
14	表示强调、感叹
15	表示程度、频率
16	提醒、劝阻、安慰、鼓励等
17	表达逻辑关系

附录 2　中级口试表达常用语法项表

语法项		举例
一、代词	1. 人称代词	我　你　您　他　她　它　我们　你们　他们　她们　它们　大家　自己　别人
	2. 指示代词	这（这儿）　那（那儿）　每　这么　那么　其他
	3. 疑问代词	谁　哪（哪儿）　什么　多少　几　怎么　怎么样　为什么
二、数词	1. 表示时间	8点40分　2014年8月15日（号）　星期四　5点1刻
	2. 表示年龄	我今年24岁。
	3. 表示钱数	15块　6元
	4. 表示号码	我的电话是58590000。
	5. 表示顺序	第三
	6. 表示重量	9公斤
	7. 表示长度	1万米
	8. 表示概数	四五千个　800多人
三、量词	1. 用在数词后	一个　三本　等一下　一双鞋　两条鱼　第10层　3角5分　两种
	2. 用在“这”“那”“几”“每”后	这个　那些　几本　每次
	3. 其他	他坐了一会儿　快一点儿
四、副词	1. 否定 / 肯定副词	不——我不是学生。 没——他没去医院。 别——你别去游泳了。 一定——我明天一定来。 必须——我们必须想个好主意。

（续表）

语法项		举例
四、副词	2．程度副词	很——她很高兴。 太——太好了！ 非常——那里的天气非常热。 最——我最喜欢喝咖啡。 更——明天会更好。 越——雨越下越大。 特别——这儿的西瓜特别甜。 多么（多）——这些孩子多可爱呀！ 极——她唱得好极了！ 几乎——中国的大城市，我几乎都去过。
	3．范围副词	都——我们都看见那个人了。 一起——他们一起去机场了。 一共——这些药一共 300 元。 只——我只去过一次北京。
	4．时间副词	正在——八点时我们正在看电视。 已经——他已经到学校了。 就——她下星期就回来了。 先——我先说几句。 才——他晚上 11 点才下班。 一直——他的成绩一直很好。 总是——她总是很忙。 马上——请安静，节目马上开始。
	5．语气副词	也——我也有一块这样的手表。 还——她还没起床。 真——你的字写得真漂亮！ 终于——考试终于结束了。 其实——这道题其实很容易。 当然——那样做当然不可以。
	6．频率副词	再——欢迎再来！ 又——今天他又迟到了。 经常——最近他经常去爬山。

（续表）

语法项	举例
五、连词	和——我和你 因为……所以……——因为下雨，所以他没去踢足球。 但是——他 80 岁了，但是身体一点儿毛病也没有。 虽然——房子虽然旧了，但是很干净。 而且——她会说汉语，而且说得很好。 然后——咱们先吃饭，然后去看电影。 如果——如果大家都同意，就这样决定了。 一边——他一边上网看新闻，一边听音乐。 或者——给我打电话或者发电子邮件都可以。 还是——我们是打车还是坐地铁？
六、介词	在——我住在北京。 从——她从中国回来了。 对——他对我很好。　我对中国文化很感兴趣。 比——我比她高。 向——图书馆向左走就到了。 离——学校离我家很近。 跟——你跟我们一起去吧。 为——不要为我担心。 为了——为了解决环境问题，人们想了很多办法。 除了——除了画画儿，她还喜欢跳舞。 把——请把空调打开。 给——这件事给我的印象很深。 被——鱼被小猫吃了。 关于——关于这段历史，我知道得很少。
七、能愿动词	会——我会做饭。 能——你什么时候能来？ 可以——现在你可以走了。 要——我要学游泳。 可能——明天可能下雨。 应该——我们应该在周末开个会。 愿意——你愿意和我结婚吗？ 敢——你敢骑马吗？

（续表）

语法项		举例
八、助词	1. 结构助词	的——我的电脑 书是我哥哥的。（“的”字短语） 那个杯子是我的。 这件衣服是最便宜的。 我买了一些吃的。 那边打电话的是我丈夫。 得——你做得很对。 地——她高兴地笑了。
	2. 语气助词	了——她去医院了。 吗——他是经理吗？ 呢——你在哪儿呢？ 吧——现在快10点了吧？快走吧。
	3. 动态助词	着——她笑着说：“明天见。” 了——我买了一本书。 过——我学过汉语。
九、叹词	喂——喂，你好！ 啊——啊，真漂亮！	
十、动词的重叠	你去问问他。 让我想一想吧。	
十一、陈述句	1. 肯定句	明天星期六。 我认识他。 今天天气很好。
	2. 否定句	她不在饭店。 他没去看电影。 你别忘了带护照。
十二、疑问句	1. ……吗/呢/吧？	这是你的手机吗？ 我喝咖啡，你呢？ 你是美国人吧？

（续表）

<table>
<tr><th colspan="2">语法项</th><th colspan="2">举例</th></tr>
<tr><td rowspan="4">十二、疑问句</td><td>2. 谁 / 哪 / 哪儿 / 什么 / 多少 / 几 / 怎么 / 怎么样 / 为什么 / 多……？</td><td colspan="2">那个人是谁？
这些水果，你要哪一种？
你想去哪儿？
你爱吃什么蔬菜？
你们公司有多少人？
你女儿几岁了？
你怎么了？
这本书怎么样？
他为什么没来？
从这儿到机场有多远？</td></tr>
<tr><td>3. 正反疑问句</td><td colspan="2">你喝不喝茶？　你决定了没有？</td></tr>
<tr><td>4. ……，好吗 / 对吗 / 可以吗？</td><td colspan="2">我们一起去，好吗？
您要两张票，对吗？
咱们中午吃面条儿，可以吗？</td></tr>
<tr><td>5. 选择疑问句</td><td colspan="2">你喝茶还是喝咖啡？</td></tr>
<tr><td>十三、祈使句</td><td>请 / 别 / 不要……</td><td colspan="2">请坐。
别说话了。
不要吃太多。</td></tr>
<tr><td>十四、感叹句</td><td>太/真/多么（多）……！
……极了！</td><td colspan="2">太好了！
真干净！
他跑得多快啊！
好极了！</td></tr>
<tr><td rowspan="5">十五、特殊句型</td><td>1. “是”字句</td><td colspan="2">他是我的同学。</td></tr>
<tr><td>2. “有”字句</td><td colspan="2">一年有12个月。　中国有56个民族。</td></tr>
<tr><td rowspan="3">3. “是……的”句</td><td>强调时间</td><td>我是昨天来的。</td></tr>
<tr><td>强调地点</td><td>这是在火车站买的。</td></tr>
<tr><td>强调方式</td><td>他是坐飞机来的。</td></tr>
</table>

（续表）

语法项		举例	
十五、特殊句型	4. 比较句	A 比 B……	今天比昨天冷多了。
		和（跟）……一样	他和我一样高。
		没有（有）……那么（这么）	上海没有北京这么冷。这里的冬天有半年那么长。
	5. “把”字句	我把衣服洗干净了。 我把画儿挂在了墙上。	
	6. “给”字句	我给她写了一封信。	
	7. 被动句	行李箱被司机拿走了。	
	8. 连动句	他每天骑车上班。	
	9. 存现句	桌子上放着一本书。	
	10. 兼语句	小王叫我去他家玩儿。	
十六、动作的状态	1. 用“在……呢”表示动作正在进行	他们在吃饭呢。	
	2. 用“正在”表示动作正在进行	学生们正在打篮球。	
	3. 用“了”“过”表示动作已经完成	他买了两斤苹果。 我看过这个电影。	
	4. 用“要……了”表示动作（变化）将要发生	火车要开了。	
	5. 用“着”表示动作（状态）的持续	外面下着雨。　图书馆的门开着呢。	